Gott Vater?

Helmut Jaschke

Gott Vater?

Wiederentdeckung eines
zerstörten Symbols

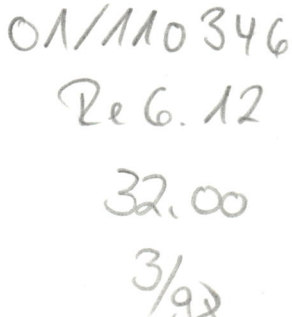
Matthias-Grünewald-Verlag · Mainz

Meinen Kindern
Angelica, Tobias und Clemens

 verlags
gruppe
engagement

Der Matthias-Grünewald-Verlag ist Mitglied
der Verlagsgruppe engagement

Die Deutsche Bibliothek – CIP-Einheitsaufnahme

Jaschke, Helmut:
Gott Vater? : Wiederentdeckung eines zerstörten Symbols / Helmut
Jaschke. – Mainz : Matthias-Grünewald-Verl., 1997
 ISBN 3-7867-2051-7

Umschlag: Thomas & Thomas Design, Heidesheim
Satz: Jörg Eckart, Mainz
Druck und Bindung: Fuldaer Verlagsanstalt

ISBN 3-7867-2051-7

Inhaltsverzeichnis

Mitten hinein in meine Überlegungen, ob es denn überhaupt sinnvoll sei, VATER als Symbol für Gott retten zu wollen, traf der Brief einer Frau, die ich vor Jahren in einer Therapie begleiten durfte. Sie berichtete mir von einer sie zutiefst bewegenden Gotteserfahrung, die in einem Tagtraum Ausdruck fand, in dem sie sich als Kind hinter Gott als Vater herspringend erlebte. Dieser Traum und die angesprochene Therapie dieser Frau werden uns später noch ausführlicher beschäftigen, so daß es im Moment genügt, diesen für mich so wichtigen Anstoß dankbar zu erwähnen.

Was mich länger schon beschäftigt, ist folgende Situation: Jedes Kind lernt heute noch als erstes und wichtigstes Gebet im Religionsunterricht das VATER UNSER. Seit Jesus ist die Vaterbezeichnung für Gott im Christentum selbstverständlich. Zu Gott „Vater" sagen zu können, gilt als *der* Zugang zu Gott schlechthin.[1] Auf der anderen Seite werden allenthalben das Fehlen des Vaters festgestellt und die beklagenswerten Folgen für Töchter, Söhne und alleinerziehende Frauen diagnostiziert.[2]

Obwohl der Zusammenhang zwischen dem Erleben des Vaters und dem Gottesbild seit langem religionspsychologisch erkannt und beschrieben wird[3], wird in der Religionspädagogik und der kirchlichen Verkündigung die Rede von Gott als Vater noch kaum vor dem Hintergrund der fehlenden Vatererfahrung reflektiert und als fragwürdig empfunden. Es blieb bisher im wesentlichen der feministischen Theologie vorbehalten, die Vaterbezeichnung Gottes als Ausdruck des patriarchalen Denkens mit der Betonung von Macht, Gesetz und Strafe infrage zu stellen und nach neuen Symbolen Ausschau zu halten.

Ob allerdings GOTT-MUTTER die Lösung ist, darf man bezweifeln, wenn man sich klarmacht, daß es ebenso negative Mutter- wie Vatererfahrungen gibt. Dennoch: Daß die Benennung Gottes als VATER heute nicht mehr ohne weiteres einen Zugang zu einer Gotteserfahrung eröffnet, und daß „Vater" durch die Vatervergiftung und die Neurotisierung des Bildes von Gott-und-Vater im christlichen Abendland[4] aufgehört hat ein *Symbol* zu sein, daran kann kein Zweifel bestehen. Die Frage ist nur: Können wir auf Dauer auf den VATER als Symbol für Gott verzichten? Oder würde mit dem Wegfall dieses Symbols für Gott das Wesentliche aus dem christlichen Gottesbild herausgebrochen? Dafür spricht, daß die Vaterbeziehung zweifellos zum Kern der Jesusbotschaft gehört und ohne sie eine sinnvolle Unterscheidung von Judentum und Christentum nicht aufrechtzuerhalten ist.[5] Aber schwerer noch als das theologische Argument (worüber sich ja immer noch trefflich streiten ließe) wiegt die Tatsache, daß in den Jahrhunderten christlich geprägter Sozialisation die Gottesvorstellung so eng mit dem Vaterbild verflochten wurde, daß dieses gleichsam zu einem „archetypischen" Seelenbild des Göttlichen wurde und deshalb nicht beliebig ausgetauscht werden kann. Das zeigen die Träume von Menschen besonders deutlich. Der eingangs erwähnte Traum einer Frau, die sehr negative Vatererfahrungen gemacht hatte, zeigte mir noch einmal, daß ein Durchbruch zu einer lebensbestimmenden Gotteserfahrung an das Vatersymbol gebunden bleibt, obwohl man erwarten würde, daß sie sich im Kontrast zu belastenden Vatererlebnissen einen ganz anderen Ausdruck sucht.

Damit ist aber die Aufgabe gewiesen, das Vatersymbol für Gott nicht zu ersetzen, sondern VATER als *Symbol* wieder zugänglich zu machen. Das aber kann nur durch die *Heilung der Vaterbeziehung* geschehen, was für viele Menschen heißt, zunächst einmal „Vater" als lebensfördernde Autorität statt als Vergewaltigung zu erleben: in heilsamen Begegnungen hier und heute; oder für manche durch die Begleitung in einer Therapie, besonders wenn schwere seelische Verletzungen tiefe Wunden geschlagen haben.

Zu einem neuen Erleben des Väterlichen als unverzichtbare Lebenskraft, das VATER als Symbol für Gott erschließt, kann auch die Betrachtung der biblischen Botschaft von Gott als Vater beitragen, weil sie hilft, die Verengungen und Einseitigkeiten aufzubrechen, die das Symbol zerstören.

Bevor davon gesprochen werden kann, ist es allerdings unerläßlich, daß wir uns zumindest eine Vorstellung von dem Ausmaß der Seelenverwüstung machen, die über Jahrhunderte durch eine verhängnisvolle Identifikation von Vater und Gott geschehen ist, und die das Symbol VATER für Gott gründlich zerstört hat. Erst dann kann deutlich werden, welche Verfälschungen die Gottesbotschaft Jesu dadurch erfahren hat. Ihre „Rekonstruktion" ist unerläßlich, soll ein Heilungsweg gefunden werden. Dabei wird es vor allem darauf ankommen zu sehen, wie Jesus selbst in seiner Begegnung mit den Menschen Gott als VATER erfahrbar machen will.

Diese Darstellung wird – so hoffe ich – die Person Jesu in einer neuen, und doch vertrauten Weise vor Augen führen und auch für LeserInnen interessant sein, die das Glück hatten, das Bild des Vaters nicht verdunkelt bekommen zu haben.

Denen, die Gott nicht mehr „Vater" nennen können, mögen darüber hinaus Beispiele aus der therapeutischen Arbeit und der abschließende Übungsteil Mut machen, VATER neu zu erfahren.

1. Die Sehnsucht nach dem Vater

1. Der schmerzliche Verlust

„Haben Sie jemals einen Vater gehabt?", fragte ich den Mann
der vor mir saß, während seine Hände sich an seine Knie
krallten und der Blick sich irgendwohin verlor. Er blickte
mich an mit einer unbeschreiblichen Traurigkeit:
„Nie", sagte er leise, als hauchte er dabei das bißchen Leben
noch aus, das in ihm steckte.

Bücher, die das Fehlen der Väter beschreiben, beklagen und analysieren, sind in den letzten Jahren zu einer Flut angeschwollen.

„Sag mir, wo die Väter sind, wo sind sie geblieben?" Dieses Lied singt man inzwischen überall, und die Antwort ist immer dieselbe: Es gibt sie nicht mehr.

Gab es sie jemals? Oder ist es nur so, daß uns erst heute so richtig die Augen aufgehen, weil die Katastrophe unaufhaltsam erscheint?

Der amerikanische Psychotherapeut Samuel Osherson kommt durch zahlreiche Gespräche mit Männern zu der Überzeugung, „daß die psychologische oder physische Abwesenheit der Väter von ihren Familien eine der großen unterschätzten Tragödien unserer Zeit ist."[6]

Und es mangelt ja wahrhaftig nicht an Untersuchungen und Studien, die aufzeigen, was es für Kinder bedeutet, ohne Vater aufzuwachsen, und welche Last den Frauen aufgebürdet wird. Andererseits wird allenthalben das Ende des Patriarchats verkündet und als Chance für einen Neubeginn gesehen. Denn nicht Väterlichkeit, was der Begriff ja vom Wort her eigentlich beinhaltet (lat.: pater = Vater), wird mit Patriarchat verbunden, sondern Macht und Unterdrückung.

Es ist also einerseits ein regelrechtes Aufatmen zu spüren, daß die Väter endlich entmachtet werden, andererseits mischt sich da hinein die Klage, trotz oder gerade wegen der Väter keinen Vater gehabt zu haben, und die Sehnsucht nach ihm wird gerade im wütenden Ver-nicht-enwollen des Vaters am eindrucksvollsten bekundet.

Dieser Zwiespalt macht deutlich, daß „Vater" in der Vergangenheit hauptsächlich mit Erfahrungen von Macht und Willkür, dementsprechend mit Gehorsam und Unterwerfung verbunden war und der schmerzliche Verlust eines Vaters sich in vielfältigen Verbiegungen und Schädigungen der Persönlichkeit niederschlug. Das Fehlen des Vaters verhindert, daß Frauen und Männer in je spezifischer Weise sich selbst bejahen und zu einem gesunden Umgang miteinander und der Welt heranreifen können.

Da aber, wie später noch näher zu zeigen sein wird, auch die Gotteserfahrung im christlichen Bereich auf die Vatererfahrung angewiesen ist, bedeutet der Verlust des Vaters, daß der Glaube an Gott schon sehr bald keine lebendige Erfahrung mehr ist, sondern zu einem dogmatischen System von Sätzen erstarrt und zu einer ins Unendliche verlängerten Vaterbeziehung degeneriert, die durch Befehl und Gehorsam gekennzeichnet ist.

Das Ausmaß der Tragödie, von der Osherson spricht, hat Dimensionen, von denen wir uns wohl bis heute keine rechte Vorstellung machen wollen, weil wir ahnen, daß uns der Boden unter den Füßen zerbricht. Psychologen und Therapeuten beschreiben diese Tragödie in unzähligen Einzelschicksalen, die sie in ihrer Praxis erleben. Und doch verdeckt dies eher noch, welche Folgen der Verlust des Vaters hat, als daß es die Augen dafür öffnet.

Denn es bleibt da immer noch die Ausrede, es handle sich um kranke, neurotische Menschen, für deren Zustand man eben glaubt, eine plausible Erklärung gefunden zu haben.

Deshalb ist es notwendig, den Blick zu weiten auf die Kata-

strophen dieses Jahrhunderts, exemplarisch die des Nationalsozialismus' im Herzen Europas, um zu erahnen, wie die Vatererfahrung von Befehl und Gehorsam die Menschen zu cha-
rakterlosen Mitläufern machte und die ungestillte Vatersehnsucht auf einen Verbrecher projiziert wurde.

Doch wir eilen voraus.

Zunächst gilt es, den Verlust näher zu erfassen, um dann zu
fragen, wie es dazu kam. Dabei kann es nicht darum gehen, all
das zu referieren, was in den letzten Jahren aus psychologi-
scher Perspektive darüber geschrieben wurde.[7] Wie so oft ist
die Vision des Dichters gültiger darüber zu befragen, worum
es geht. Denn in Kunst und Dichtung zeigt sich vorbildlich,
was oft lange Zeit braucht, um ins alltägliche Bewußtsein ein-
zudringen.

2. Es gibt keinen Vater

In den Jahren 1796/97 gestaltete der Dichter Jean Paul (Johann
Paul Friedrich Richter) innerhalb seines Romans „Blumen-,
Frucht- und Dornenstücke oder Ehestand, Tod und Hochzeit
des Armenadvokaten F. St. Siebenkäs" „die *Rede des toten Christus vom Weltgebäude herab, daß kein Gott sei.*"

„In dieser Vision fragen die Toten den auf den Altar herab-
steigenden Christus: ‚Ist kein Gott?' Er antwortete: ‚Es ist
keiner.'

Christus fuhr fort: ‚Ich ging durch die Welten, ich stieg in
die Sonnen und flog mit den Milchstraßen durch die Wü-
sten des Himmels; aber es ist kein Gott. Ich stieg herab, so
weit das Sein seine Schatten wirft, und schauete in den Abgrund und rief: ‚Vater, wo bist du?', aber ich hörte nur den
ewigen Sturm, den niemand regiert, und der schimmernde
Regenbogen aus Wesen stand ohne eine Sonne, die ihn
schuf, über dem Abgrunde und tropfte hinunter. Und als

ich aufblickte zur unermeßlichen Welt nach dem göttlichen Auge, starrte sie mich mit einer leeren, bodenlosen Augenhöhle an; und die Ewigkeit lag auf dem Chaos und zernagte es und wiederkäuete sich. –

Schreiet fort, Mißtöne, zerschreiet die Schatten; denn Er ist nicht!'

Die entfärbten Schatten zerflatterten, wie weißer Dunst, den der Frost gestaltet, im warmen Hauche zerrinnt; und alles wurde leer. Da kamen, schrecklich für das Herz, die gestorbenen Kinder, die im Gottesacker erwacht waren, in den Tempel und warfen sich vor die hohe Gestalt am Altare und sagten: ,Jesus! Haben wir keinen Vater?' – Und er antwortete mit strömenden Tränen: ,Wir sind alle Waisen, ich und ihr, wir sind ohne Vater.' "[8]

Statt des Vaters redet Christus im folgenden mit dem starren, stummen Nichts, der kalten Notwendigkeit und dem wahnsinnigen Zufall, und er klagt:

„O Vater!, o Vater! Wo ist deine unendliche Brust, daß ich an ihr ruhe? – Ach wenn jedes Ich sein eigener Vater und Schöpfer ist, warum kann es nicht auch sein eigener Würgengel sein?"

Und Jean Paul läßt Christus die noch glücklich preisen, die noch nicht wissen, daß sie keinen Vater mehr haben:

„Ach ihr überglücklichen Erdenbewohner, ihr glaubt Ihm noch. Vielleicht gehet jetzt euere Sonne unter, und ihr fallet unter Blüten, Glanz und Tränen auf die Knie und hebet die seligen Hände empor und rufet unter tausend Freudentränen zum aufgeschlossenen Himmel hinauf: ,Auch mich kennst du, Unendlicher, und alle meine Wunden, und nach dem Tode empfängst du mich und schließest sie alle.'...
Ihr Unglücklichen, nach dem Tode werden sie nicht geschlossen. Wenn der Jammervolle sich mit wundem Rükken in die Erde legt, um einem schönern Morgen voll Wahrheit, voll Tugend und Freude entgegenzuschlummern, so

erwacht er im stürmischen Chaos, in der ewigen Mitter-
nacht – und es kommt kein Morgen und keine heilende
Hand und kein unendlicher Vater! – Sterblicher neben mir,
wenn du noch lebest, so bete Ihn an: sonst hast du Ihn auf
ewig verloren."[9]

Der Dichter schildert die Vision als Schreckenstraum und läßt
den Erwachten sagen:

"„Meine Seele weinte vor Freude, daß sie wieder Gott anbeten
konnte – …'"

Wir wissen nicht, woher ihm diese Möglichkeit zukam. Aber
wir wissen, daß heute immer mehr Menschen sich dazu außerstande sehen, weil sie ein solches Gebet für sinnlos halten,
weil sie an den gütigen Vatergott nicht mehr glauben können.
Der Dichter begreift hellsichtig, daß der Vater Jesu Christi, der
aller Menschen Vater sein sollte, aufgehört hat, dies zu sein,
weil die Vaterschaft Gottes im Laufe der Jahrhunderte zu einem leeren Glaubenssatz verkam: Es gab keine Erfahrung des
Vaters, die heilend wirkte. Andererseits spürt er sehr wohl, wie
notwendig es für den Glauben ist, zu Gott ‚Vater' sagen zu können.

Doch schauen wir uns den Verlust, den Christus, der Sohn,
beklagt, näher an. Denn in diesem imaginären Zwiegespräch
formuliert der Dichter, was die Vatersehnsucht beinhaltet, die
ungestillt bleibt:

Da ist zuerst das göttliche Auge genannt, der Blick also, der
mich anschaut und in dem ich mich erkennen kann als den je
einmaligen Menschen. Statt dieses Blickes gibt es nur die leere Augenhöhle. Einen Vater zu haben heißt sodann, nicht Ergebnis des Zufalls, sondern für jemanden notwendig zu sein,
jemanden, der mich wollte und keinen anderen: ‚Vater' als
Schöpfer, an dessen Brust der Mensch ruhen darf. Nähe, Inti-
mität ist mit diesem Bild ausgedrückt, ein Sich-fallen-lassen-
Dürfen aus der Anstrengung der Selbstbehauptung an das im
ruhigen Rhythmus pulsierende Herz, das fraglos gewährt.

Sodann: Da ist jemand, der mich kennt und zwar so, wie ich bin und nicht meine Maske. Dieser Vater weiß um mich als verwundeten und vom Tode gezeichneten Menschen. Er wird mich nicht in Schmerz und Tod lassen, sondern die Wunden schließen und mich nach dem Tod empfangen.

In jeder Therapie hängt viel davon ab, in welcher Weise der Therapeut mit der „Vaterübertragung" umgeht.

Jede Klientin, jeder Klient sucht zunächst unbewußt die Erfahrungen mit dem eigenen Vater oder die Sehnsucht nach ihm auf den Therapeuten zu übertragen. Es kommt nun darauf an, daß er (sie) diese nicht bestätigt bekommt und so wiederholt, sondern daß neue Erfahrungen mit dem Vater möglich werden. Der Therapeut verhält sich gerade nicht so, wie es der Klient von seinem verinnerlichten Programm her erwartet.

Es geht darum, so angeschaut zu werden, daß ich mich zutiefst berechtigt fühle zu sein. Der Ausfall dieses Blickes wird als Sinnleere und Vereinsamung erlebt.

3. Das Maß aller Dinge

Unter den Auseinandersetzungen erwachsener Töchter und Söhne mit ihrem Vater darf Franz Kafkas ‚Brief an den Vater' zweifellos unsere besondere Aufmerksamkeit beanspruchen. Dieser sensible Dichter hat stellvertretend die Enttäuschungen und Leiden beschrieben, die entstehen, wenn der Vater statt Lebensmut die tiefe Angst ins kindliche Gemüt pflanzt, die oft ein Leben lang verhindert, zu sich selbst und dem Leben ja zu sagen.

Die Sehnsucht nach dem Vater verbirgt sich hinter den Schilderungen eines Vaters, der sich zum Maß aller Dinge machte, und vor dem der Sohn zu einem Nichts wurde.[10]

„Ich hätte ein wenig Aufmunterung, ein wenig Freundlichkeit, ein wenig Offenhalten meines Weges gebraucht, statt dessen verstellst Du mir ihn ..."[11]

Für das Kind ist der Vater das Tor zur Welt und zugleich der Zugang zu sich selbst, besonders auch zum eigenen Körper:

> „... auch war ich stolz auf den Körper meines Vaters."[12]

Die notwendige Idealisierung des Vaters muß mit der Zeit abgebaut werden, um einerseits eine menschliche Beziehung zum Vater aufbauen, andererseits das Bild umfassender, tragender Väterlichkeit auf die Lebensmacht schlechthin „übertragen" zu können. Dazu wird weiter unten noch Einiges zu sagen sein.

Aber Kafka erfuhr den Vater als übermächtig, erdrückend:

Ich war schon niedergedrückt durch deine bloße Körperlichkeit ...

Damit wird die notwendige Auseinandersetzung mit dem Vater verhindert, weil die kindliche Idealisierung umschlägt in (uneingestandenen!) Haß, der ja als enttäuschte Liebe die Abhängigkeit vom Vater aufrechterhält, und der ein furchtbares Vaterbild in der Seele aufrichtet, das in seinen Bann zieht:

> „Du bekommst für mich das Rätselhafte, das alle Tyrannen haben ..."[13]

Die *Macht* des Vaters, zutiefst ersehnt als Ermächtigung zum eigenen Leben, das aber gleichzeitig gehalten und geschützt wird von einem Umgreifenden, diese Macht wird von Kafka negativ als erdrückend erfahren („man war gegen Dich vollständig wehrlos!") und verlor doch zugleich nichts von ihrer „Göttlichkeit":

> „Für mich als Kind war aber alles, was Du mir zuriefst, geradezu Himmelsgebot, ich vergaß es nie, es blieb für mich das wichtigste Mittel zur Beurteilung der Welt ..."[14]

Für Kafka war der Vater wie für jedes Kind „der ... so ungeheuer maßgebende Mensch.[15]

Vatersehnsucht beinhaltet auch dies: im Chaos und Wirrwar der Welt – innen und außen – sich zurechtzufinden durch das

19

richtige Maß, das hilft, die Kraft einzuteilen, unterscheiden zu lernen und die Gesetzmäßigkeiten des Lebens zu erkennen und zu beachten.

Aber freilich kann das nur so geschehen, daß dieses Ordnungsmaß durch den Vater verkörpert, dargestellt und als Modell gemeinsamen Lebens erfahren wird. Kafka jedoch erlebte sich als Sklave unter dem Tyrannen, der sich selbst an die Gebote nicht hielt, die er auferlegte.

Die tiefste Vatersehnsucht ersehnt die Erlaubnis, leben zu dürfen, daseinsberechtigt zu sein mit meinem Begehren und Wünschen, meinen Ecken und Kanten. Und jene wurde von Generationen von Menschen im Kern zerstört durch das Erleben einer drohenden Übermacht des Vaters, die den stets Schuldigen hätte zermalmen können, wenn es nicht die unverdiente Gnade gegeben hätte.

Denn schuldig mußte das Kind zwangsläufig werden, weil es unmöglich war, den Geboten zu gehorchen, so zu sein, wie man erwünscht war:

„Überdies sammelte sich aus diesen vielen Malen, wo ich Deiner deutlich gezeigten Meinung nach Prügel verdient hätte, ihnen aber aus Deiner Gnade noch knapp entgegen war, wieder nur ein großes Schuldbewußtsein an. Von allen Seiten her kam ich in Deine Schuld."[16]

Wie ein roter Faden durchzieht das Schuldgefühl den Brief Kafkas an den Vater:

„Als Kind machte ich mir, in Übereinstimmung mit Dir, Vorwürfe deshalb, weil ich nicht genügend in den Tempel ging, nicht fastete und so weiter. Ich glaubte nicht mir, sondern Dir ein Unrecht damit zu tun, und Schuldbewußtsein, das ja immer bereit war, durchlief mich."[17]

Aber müßte es nicht einen Vater geben, der dieses nagende Schuldgefühl, das sich wie ein dunkler Begleiter an unser Tun, Denken und Fühlen heftet, versteht und es vergibt, damit wir nicht gleichgültig und kalt werden müssen, um uns zu schüt-

zen „gegen die Nervenzerstörung durch Angst und Schuldbewußtsein"?[18] Diese Frage stellt das dichterische Genie Kafka
für Generationen von Menschen, die den Vater so erlebten wie
er.

4. Es wäre schön, wenn es einen Vater gäbe

Der Vater spielt in Sigmund Freuds psychoanalytischen Erfahrungen und seinen Theorien eine maßgebende Rolle, der im
einzelnen nachzugehen hier nicht der Raum ist.

Am bekanntesten ist dabei die Verbindung, die Freud zwischen
Vatersehnsucht und der Entstehung der Religion knüpft.

In „Totem und Tabu" nennt er sie knapp die „Wurzel aller
Religionsbildung", und in seinen Spätschriften wird sie das
zentrale Thema, das Freuds Gedanken beherrscht. So, wenn
er in

„Der Mann Moses und die monotheistische Religion" die Be-
wunderung der Massen für den großen Mann so erklärt:

„Es ist die Sehnsucht nach dem Vater, die jedem von seiner
Kindheit her innewohnt …

Unzweifelhaft war es ein gewaltiges Vaterbild, das sich in
der Person des Moses zu den armen jüdischen Fron-
arbeitern herabließ, um ihnen zu versichern, daß sie seine
lieben Kinder seien. Und nicht minder überwältigend muß
die Vorstellung eines einzigen, ewigen, allmächtigen Gottes auf sie gewirkt haben, dem sie nicht zu gering waren,
um einen Bund mit ihnen zu schließen, und der für sie zu
sorgen versprach, wenn sie seiner Verehrung treu blieben."[19]

Am nachdrücklichsten hat Freud freilich in seiner program-
matischen Schrift „Die Zukunft einer Illusion" den Zusammenhang zwischen Vatersehnsucht und Gottesglaube formuliert
und den Verzicht dieser Sehnsucht als Voraussetzung eines
reifen Erwachsenseins gefordert.

Wir können hier den Gedankengang Freuds nicht nachzeich-
nen und müssen die interessierten LeserInnen auf Freuds
Schrift selbst verweisen. Wichtig ist für unsere Fragestellung
vor allem, daß Freud die Vatersehnsucht in erster Linie an die
Hilfsbedürftigkeit des Menschen und seiner Suche nach Schutz
vor „fremden Übermächten" (zum Beispiel der zerstörenden
Natur) einerseits und dem Bedürfnis nach Gerechtigkeit (im
Sinne von Belohnt- oder Bestraftwerden für das, was man tut)
andererseits festmacht. So gewinnt das Vaterbild jene eigentümliche Ambivalenz, die Freud so zusammenfaßt:

> „Das Verhältnis zum Vater ist aber mit einer eigentümlichen
> Ambivalenz behaftet. Er war selbst eine Gefahr, vielleicht
> von dem früheren Verhältnis zur Mutter her. So fürchtet man
> ihn nicht minder, als man sich nach ihm sehnt und ihn be-
> wundert. Die Anzeichen dieser Ambivalenz des Vater-
> verhältnisses sind allen Religionen tief eingeprägt, wie auch
> in „Totem und Tabu" ausgeführt wird. Wenn nun der Her-
> anwachsende merkt, daß es ihm bestimmt ist, immer ein
> Kind zu bleiben, daß er des Schutzes gegen fremde Über-
> mächte nie entbehren kann, verleiht er diesen die Züge der
> Vatergestalt, er schafft sich die Götter, vor denen er sich
> fürchtet, die er zu gewinnen sucht und denen er doch sei-
> nen Schutz überträgt. So ist das Motiv der Vatersehnsucht
> identisch mit dem Bedürfnis nach Schutz gegen die Folgen
> der menschlichen Ohnmacht; die Abwehr der kindlichen
> Hilflosigkeit verleiht der Reaktion auf die Hilflosigkeit, die
> der Erwachsene anerkennen muß, eben der Religions-
> bildung, ihre charakteristischen Züge."[20]

Die Illusion, die der Mensch nicht hergeben will, ist die, es
möge ein gütiger Vater existieren, der ihn schützt und für die
Entbehrungen des Lebens entschädigt. Im Gottesbild der jü-
disch-christlichen Religion schafft sich der Gläubige diesen
Vater, den er wünscht:
Es wäre ja schön, meint Freud, wenn es einen Gott gäbe und

eine gütige Vorsehung. Aber es ist für ihn zu verdächtig, daß „dies alles so ist, wie wir es uns wünschen müssen."

Uns interessiert an dieser Stelle nicht das Problem, inwieweit Religion und menschliches Wunschdenken miteinander zu tun haben, sondern die zwei Beobachtungen, die der Begründer der Psychoanalyse von seiner therapeutischen Praxis her formuliert:

– Daß nämlich die Sehnsucht nach dem Vater und die Auseinandersetzung mit dem leiblichen Vater eine entscheidende Rolle in der Entwicklung des Menschen spielen (vgl. die zentrale Bedeutung, die Freud dem sogenannten Ödipuskomplex bei der Entstehung der Neurosen zuschreibt) und

– daß ein unverkennbarer Zusammenhang zwischen Vatererfahrung, Vatersehnsucht und dem Gottesbild besteht.

Wie tief die Vatersehnsucht im menschlichen Herzen wurzelt, das sieht Freud gerade auch dadurch bestätigt, daß die „Illusion" der Religion solche Macht über den Menschen hat, daß ihr mit Vernunft nicht beizukommen ist.

5. Einen Vater hatte ich nie!

Frage ich in Therapien nach dem Vater, dann ist die Reaktion oft zuerst einmal erstauntes, manchmal betroffenes Schweigen. Dann ist zu spüren, wie fast krampfhaft nach Erinnerungen gesucht wird, Bildern, Eindrücken, Worten. Nur mühsam wird etwas ans Tageslicht gezogen, herausgewühlt aus einem Haufen dunkler, fremd anmutender Bruchstücke von versunkenen Erlebnissen.

Andere Klienten malen bedächtig ein idealisiertes Bild von ihrem Vater, der sie über alles geliebt habe – nur einmal, so können sie sich erinnern, seien sie wirklich von ihm geschlagen worden.

Eine Ordensfrau erinnert sich:

„An Zärtlichkeit oder Liebkosungen kann ich mich nicht er-
innern, und doch wußte ich, daß er mich liebhat. Er legte
viel Wert auf Pünktlichkeit, Pflichttreue, Sittlichkeit, Gehor-
sam, Friedfertigkeit, religiöse Übungen, ließ aber trotzdem
viel Freiraum."

Wenigen sind Haß und Wut auf den Vater griffbereit, so daß sie
ohne Umschweife darüber reden können, wie froh sie sind,
mit dem Vater nichts mehr zu tun haben zu müssen.
Die Sehnsucht nach dem Vater ist in der Regel verdrängt, so
daß sie sich nur indirekt in den Projektionen auf Männer zeigt,
die idealisiert werden. Das können sowohl lebende Personen
als auch historische Gestalten sein.

In jeder längeren Therapie wird aber unweigerlich die Sehnsucht nach dem Vater eine entscheidende Rolle spielen. Es gehört zu den wichtigsten Phasen einer Therapie, wenn der Therapeut die auf ihn gerichtete Vaterprojektion als die tiefe
Sehnsucht nach einem Vater bewußt macht, den man sich stets
wünschte und nie hatte.

Oft kommen die ersten von innen heraus geweinten Tränen,
wenn der Satz fällt:

„Sie hatten nie einen Vater, den Sie so sehr gebraucht hätten."
Der Schmerz, den diese Botschaft auslöst, wenn die Seele ihn
aufnehmen kann – das braucht in einer Therapie seine Zeit! –,
ist riesengroß, denn er reißt eine Wunde auf, die im Laufe der
Jahre mühsam verbunden worden war. Geheilt jedoch war sie
nie.

Die Sehnsucht nach dem Vater ist so schmerzhaft, daß wir sie
nicht wahrhaben wollen, so daß die Begegnung mit dem Vater
in der Therapie zu großen seelischen Erschütterungen führen
kann.

Wieder ist es die Dichterin, die stellvertretend für so viele Menschen ausdrückt, worum es geht.

Christa Wolf legt ihrer Kassandra die folgenden Sätze in den
Mund:

„Plötzlich hielt ich ein, saß lange, ohne mich zu rühren, von der Einsicht wie vom Blitz getroffen: Das ist der Schmerz. Es war der Schmerz, den ich doch zu kennen glaubte. Jetzt sah ich: Bisher hatte er mich kaum gestreift. Wie man den Felsen nicht erkennt, der einen unter sich begräbt, und nur die Wucht des Anpralls spürt, so drohte mich der Schmerz um den Verlust all dessen, was ich ‚Vater‘ nannte, zu erdrükken. Daß ich ihn nennen konnte, daß er auf den Namen hörte, gab mir einen Hauch von Luft. Es gibt einen Schmerz, der nicht mehr weh tut, weil er alles ist …"[21]

In einer Untersuchung wurden Männer gefragt, welche Gefühle die Erinnerung an den Vater hervorruft. Die überwiegende Zahl antwortete mit Worten wie diesen: Einsamkeit, Unterdrükkung, kritische Distanz, Schmerz und Sehnsucht, Trauer, Fremdheit, Ärger und ohnmächtige Wut, Abwesenheit, Mitleid, „es gab keinen Vater", Unverständnis, Heimweh, Achtung und Verachtung, „ich fühle mich allein", „ich fühle nichts", Verlassenheit.[22]

Frauen klagen besonders darüber, daß der Vater sie nie wahrgenommen, nie angeschaut habe mit einem Blick, in dem sie sich angenommen gefühlt hätten.

Die Vatersehnsucht beinhaltet also in erster Linie, daß mir als Grundbotschaft meines Lebens vermittelt wird: „Es ist gut, daß es Dich gibt! Du darfst sein, so wie Du bist! Ich, dein Vater, freue mich über Dich!"

Erst auf dieser Grundlage bauen die weiteren Sehnsüchte nach Väterlichkeit auf: daß ich sicher und beschützt die Schritte in die lockende oder oft verwirrende oder gar feindliche Welt gehen kann, daß da jemand mich dazu ermutigt, daß er mich führt und die Dinge entdecken hilft.

An Liebkosungen, Zärtlichkeit, körperliche Nähe können sich Klientinnen meist nicht erinnern. Nicht selten war für Frauen der erste intensive körperliche Kontakt mit schlimmen Erfahrungen bis hin zum Mißbrauch verbunden.

Die Sehnsucht nach dem Vater kann endlich unter dem Eindruck enttäuschender Erfahrungen mit dem konkreten Vater so gründlich verdrängt werden, daß sein Fehlen nicht mehr wahrgenommen, ja das Vergessen als Erfolg angesehen wird, um die Vergangenheit hinter sich lassen zu können.

Das Fortbestehen seelischen Leidens, Gefühle von Sinnleere, Minderwertigkeit und Verlassenheitsangst können dann unter bestimmten Umständen dazu zwingen, den Vater wieder hereinzuholen, um die nie stattgefundene Auseinandersetzung und/oder Versöhnung mit ihm nachzuholen. Viele der inzwischen weithin bekannten Familienaufstellungen von Bert Hellinger intendieren dies und zeigen eindrucksvoll, wie sehr der Vater notwendig ist, um zur Ganzheit und zum inneren Frieden zu gelangen. Wir werden darauf zurückkommen müssen.

2. Die Zerstörung des VATER-Symbols

1. Symbole und ihre Entwertung

Bevor wir den Ursachen für die Zerstörung des Vatersymbols nachgehen, ist es notwendig, den heute sehr unterschiedlich verwendeten Begriff „Symbol" zu klären. Nur so kann deutlich werden, welche Konsequenzen es hat, wenn ein zentrales Glaubenssymbol vernichtet wird.

Das Entscheidende am Symbol ist, daß es als etwas Sichtbar-Sinnenhaftes auf eine „dahinter" stehende Wirklichkeit verweist, die als solche unanschaulich und unbegreiflich ist. Als solche unterscheidet es sich streng vom Zeichen, das in seiner Bedeutung durch Übereinkunft *definiert* ist (zum Beispiel das Verkehrszeichen). Damit wird schon klar, daß ein Symbol seine Funktion, Unanschauliches, „Transzendentes", darzustellen, verliert, wenn es zum Zeichen wird, also eine ganz bestimmte Bedeutung gewinnt.

Merkmal des Symbols ist demnach seine Offenheit. Es sind viele und immer neue Bedeutungen möglich, die vom Erleben desjenigen abhängen, dem das Symbol als Brücke zum Unfaßlichen zur Verfügung steht. Als solches entfaltet es in der Seele des Menschen seine eigentümliche Faszination und Macht, worauf besonders C.G. Jung wiederholt hingewiesen hat.

Meistens werden Symbole nicht vom einzelnen beliebig gewählt, sondern er übernimmt sie aus der ihn umgebenden Gemeinschaft (Familie, Staat, Kirchen). Aber es ist nicht ausgeschlossen, daß bestimmte Gegenstände oder Handlungen nur für diesen einen Menschen zum Symbol werden können. Für unseren Zusammenhang reichen diese wenigen Anmerkungen zum Symbol aus, und wir können uns dem Vorgang zuwenden, der das Symbol zerstört.

Diese „Desymbolisierung" (Lorenzer spricht von „Privatisierung" und der Entartung zum Klischee[23]) geschieht in dem Maß, als mit der als Symbol geltenden Wirklichkeit Erfahrungen gemacht werden, die in einseitiger Weise so prägend sind, daß die Offenheit für *neue Erfahrungen* verloren geht. Das Symbol wird dann zum Zeichen für ganz bestimmte gefühlsmäßige Assoziationen, die unveränderlich und in der Regel Ausdruck tiefsitzender Konflikte sind. Diese so „besetzte" Wirklichkeit hört auf, Hinweis auf „Dahinterstehendes" zu sein, und wird zum Objekt eben dieser, und nur dieser Gefühlsregungen und Gedanken. Das Symbol verliert seine Fähigkeit, den Menschen zum Transzendenten hin zu öffnen.

Es ist einleuchtend, daß die Gefahr der Entartung des Symbols besonders groß ist, wenn das Symbol eine menschliche Person ist, mit der jeder Mensch zwangsläufig seine Erfahrungen machen muß, wie das beim Vater der Fall ist.

Aber das Gesagte gilt generell für alle Symbole, zum Beispiel auch für das des Mahles, das im Christentum ebenfalls eine große Rolle spielt. Wo einengendes, bedrückendes Erleben mit den als Symbol geltenden Wirklichkeiten gemacht wird – besonders wenn dies bereits in frühem Alter geschieht –, dann wird dem Menschen ein Zugang zum Göttlichen versperrt, der nicht leicht durch einen neuen ersetzt werden kann.

2. Vatererfahrungen: Angst vor dem Allmächtigen

Der folgende Abschnitt wird manche(n) Leser(in) veranlassen, ab und zu das Buch aus der Hand zu legen und sich zu fragen: „War das wirklich so schlimm?"; denn so unwirklich mag das erscheinen, was geschildert wird.

Wir müssen uns deshalb immer wieder vor Augen halten, daß

solches Erleben tief verdrängt ist, sowohl in der Lebensgeschichte des einzelnen als auch in der ganzer Generationen.
Es hat sich eingegraben in die Seelen und wurde zum „Material", aus dem das Vaterbild geformt ist, *vor* jeder individuellen
Erfahrung.

Geprügelte Kinder

Die Zerstörung des Vatersymbols beginnt mit der Erfahrung
des Vaters als Despoten und Tyrannen durch die Jahrhunderte
hindurch bis in unsere Gegenwart.

Die Mehrzahl der Menschen – so müssen wir annehmen – erlebte den Vater so. Die Rechtfertigung dieses Verhaltens gründet in der Identifikation des Vaters mit Gott als „Stellvertreter
Gottes". Darauf wird weiter unten noch ausführlicher einzugehen sein.

Wir haben freilich ausdrückliche biographische Zeugnisse darüber erst in jüngerer Zeit. Aber die sprechen für sich. Die größte
Zahl der gedemütigten und zur Unterwürfigkeit erzogenen
Kinder hat nie zur Feder gegriffen. Doch wir werden nachher
eine Erziehungsideologie des 19. Jahrhunderts betrachten, die
in Deutschland und angrenzenden europäischen Ländern bis
in unsere Tage vorherrschend wurde, so daß Generationen von
Vätern sich nach ihr richteten. Die Opfer sind stumm.

Eine Vorstellung vom Ausmaß dieser „väterlichen Gewalt" er-
hält man, wenn man in Gesellschaftsbeschreibungen früherer
Zeiten einmal darauf achtet, wie selbstverständlich davon berichtet wird, daß Kinder *geschlagen* werden. Dies gilt sowohl
für die leiblichen Väter als auch die „geistlichen" Väter: Lehrer
und andere Erzieher, im Mittelalter vor allem Kleriker.
Samuel X. Radbill eröffnet seinen Bericht über „Mißhandlung
und Kindestötung in der Geschichte" in dem Sammelband
„Das geschlagene Kind" mit den Sätzen:

„Jahrhundertelang sind Kindesmißhandlungen durch den

Glauben gerechtfertigt worden, daß strenge körperliche Bestrafung notwendig sei, um die Disziplin aufrechtzuerhalten, erzieherische Werte zu vermitteln, bestimmten Göttern wohlgefällig zu sein und böse Geister zu vertreiben. Die
Züchtigung von Kindern ist schon immer ein Vorrecht von
Lehrern und Eltern gewesen. In den Schulen der Sumerer,
vor 5 000 Jahren, gab es einen Mann, den „Herrn der Rute",
der Knaben bereits aus geringfügigem Anlaß bestrafte. Die
Rechtfertigung für solche Mißhandlungen geht auf religiöse Glaubensüberzeugungen und Praktiken zurück, und in
alten Zeiten wurden Knaben von ihren Eltern zu Füßen eines Diana-Altars körperlich bestraft.

,Wer sein Kind liebt, züchtigt es', war ein Ausspruch, der
sich auf das Alte Testament berufen konnte und 1633 in der
Bibliotheca Scholastica festgehalten wird."[24]

Die Mißhandlung von Kindern ist also ein Ausdruck des
patriarchalen Systems, unabhängig von Zeitraum oder Kultur.
Die Praktiken der willkürlichen Machtausübung über die
Schwächeren kann durch verschiedene Religionsformen gerechtfertigt werden. Insofern ist die jüdisch-christliche nur eine
unter anderen. Aber da letztere mit dem Anspruch auf Humanität auftritt, muß ihr besonders Augenmerk zuteil werden.
Wir brauchen hier die inzwischen vielfach gesammelten Zeugnisse über die Mißhandlung von Kindern nicht aufzuführen.
Dazu sei auf die entsprechende Literatur verwiesen.[25]

Erschreckend ist die Selbstverständlichkeit, mit der Kinder geschlagen wurden und wie diese aus der Bibel begründet wurde.

Über die Familie zu Beginn des 19. Jahrhunderts schreibt ein
Kölner:

„In keiner ‚Stuff' (Stube) fehlt unter oder über dem Spiegel
das Crucifix ... und hinter dem Spiegel, sind die Kinder im
Hause, die birke Juffer, die Ruthe für die Mädchen, und für
die Knaben der Ohsepisel (Ochsenziemer) ...

Die altkölnische Erziehung hielt es mit Jesus Sirach, der da spricht: ‚Wer seine Kinder liebt, schonet die Ruthe nicht!' Förmliche Prügel-Executionen ließ man durch die Alexianer-Brüder vornehmen, wenn irgend ein schon herangewachsener Sohn nicht ganz nach der elterlichen Pfeife tanzen wollte. Mit Grausen schlichen wir uns an einem Hause ... vorbei, wo, wie man erzählte, bei einer solchen exemplarischen Execution ein junger Mensch todt geprügelt worden, – und jetzt als Spuk umging ...“[26]

Der Spuk geht tatsächlich um, aber nicht als gespenstisches Gruselmärchen, sondern als ein im Unbewußten wirkendes Gift, das im Nationalsozialismus wie ein Eitergeschwür zum Ausdruck brachte, was im Laufe der Generationen an Angst und Unterwürfigkeit in den Seelen gewuchert hatte. Unter oder über dem Spiegel hängt das Kruzifix, dahinter die Peitsche. Auf diese makabre Verbindung wird noch einzugehen sein.

Wir müssen uns an dieser Stelle dem Erleben zuwenden, das mit der Strafe durch Schläge einhergeht, über die Gefühle, die sie begleiten und die – oft unbewußt – lange weiterwirken. Dazu schreibt Erna E. Johansen:

„Die körperliche Züchtigung ging einher mit demütigenden, sogar sadistischen Maßnahmen oder Worten der Erwachsenen, so daß bei den Kindern das Gefühl der Abhängigkeit und des Zwangs zum Gehorsam zu einer beherrschenden Lebenseinstellung geworden sein muß.“[27]

Mit den Stichworten „Abhängigkeit" und „Gehorsam" benennt die Autorin zweifellos die entscheidenden Einstellungen, die sich in den Menschen über Generationen als fester „Bestandteil" des Charakters ausbildeten.

Was für Kinder zwischen 1700 und 1900 gilt, nämlich, daß ihre Eltern sie sich mit Prügeln gefügig machten, weil sie glaubten, „ohne das Mittel der körperlichen Züchtigung nicht (mit ihnen) fertig werden zu können", das ist für Kinder in früheren und späteren Jahrhunderten genauso gültig.

Und die Quelle der Gewalt war in der Regel der Vater:

> „Der Vater war der Herr des Haushalts, dem strenger Ge-
> horsam geschuldet wurde, auch wo er launenhaft und will-
> kürlich regierte."[28]

Was aber bewirkt dieses dauernde Bedrohtsein eines sich ja
erst allmählich entwickelnden Selbstbewußtseins des Kindes
in dessen Seele? Haben wir uns, die wir das seit Jahrhunderten
bis in die Gegenwart praktizierte Schlagen von Kindern zur
Kenntnis nehmen, schon einmal in die Situation eines geprügelten Jungen oder Mädchens hineinversetzt? Haben wir seine Gefühle der Ohnmacht und unterdrückten Hasses nachzu-
empfinden versucht?

Dieses „Züchtigen" geschah ja nicht als gelegentlicher Ausrut-
scher überstrapazierter Eltern, sondern war ein Ritual vollzogen, das man in göttlichem Auftrag zu vollziehen beanspruch-
te. Die Demütigung des Kindes geschah als Vollzug der ehernen
Gerechtigkeit, die verlangte, daß der als dämonisch angese-
hene Ungehorsam der Heranwachsenden aus ihnen heraus-
gepeitscht werde. So mag es nicht verwundern – aber es darf
uns dennoch erschrecken –, daß diese Teufelsaustreibung besonders in „religiösen" Familien an der Tagesordnung war.

Der bekannte schwedische Regisseur Ingmar Bergmann beschreibt diese Szene in seiner Autobiographie „Mein Leben"
folgendermaßen:

> „Schwere Vergehen wurden exemplarisch bestraft: es be-
> gann mit der Entdeckung des Verbrechens. Der Verbrecher
> legte in erster Instanz ein Geständnis ab, das heißt, vor dem
> Dienstmädchen oder Mutter oder einer der zahlreichen
> weiblichen Verwandten, die öfter im Pfarrhof wohnten.
> Die unmittelbare Folge des Geständnisses war, daß man den
> Täter schnitt. Niemand sprach mit ihm, niemand antwor-
> tete ihm. Soviel ich verstehe, sollte das den Täter dazu brin-
> gen, sich nach Strafe oder Vergebung zu sehnen. Nach dem
> Mittagessen und dem Kaffee wurden die Parteien in Vaters

Zimmer gerufen. Dort kam es zu neuen Verhören und neuen Geständnissen. Darauf wurde der Teppichklopfer geholt, und man durfte selbst angeben, wie viele Schläge man zu verdienen meinte. Nachdem das Strafmaß festgestellt worden war, holte man ein grünes, fest gestopftes Kissen, Hose und Unterhose wurden heruntergelassen, man wurde bäuchlings auf das Kissen gelegt, jemand hielt den Verbrecher am Hals fest, und die Schläge wurden ausgeteilt.

Ich kann nicht behaupten, daß es sonderlich weh tat, es waren das Ritual und die Demütigung, die wirklich schmerzten. Meinem Bruder erging es weit schlimmer. Mutter saß oft an seinem Bett und kühlte ihm mit nassen Wickeln den Rücken, auf dem die Hiebe die Haut abgelöst und blutige Streifen hinterlassen hatten. Da ich meinen Bruder haßte und seinen plötzlich aufflammenden Zorn fürchtete, fand ich große Befriedigung darin, daß er so hart bestraft wurde. Nachdem die Schläge verabreicht waren, mußte man Vater die Hand küssen, worauf einem die Vergebung erteilt wurde. Die Sündenlast fiel zur Erde, es kam zu Befreiung und Gnade, man mußte zwar ohne Abendessen und Abendlektüre ins Bett gehen, fühlte sich aber dennoch beträchtlich erleichtert."[29]

Dieser Bericht Bergmanns zeigt nicht nur sehr anschaulich das Ritual der Züchtigung, sondern auch seine Verflechtung mit einer Form der christlichen Religion, wie sie über Jahrhunderte nicht nur in protestantischen Pfarrhäusern geübt wurde. Zugleich macht der Autor deutlich, wie der Schmerz der Demütigung auch elementare Haßgefühle freisetzt, die sich hier gegen den Bruder richten, dessen grausame Züchtigungen als Rache genossen wurden.

Warum hat man an dem Generationen prägenden Patriarchat bis heute nicht seine menschenverachtende Seite, die Zerstörung der Seele des Kindes, angeprangert, ein Unterdrückungssystem, das seit 2 000 Jahren das Etikett „christlich" trägt?

Ernten wir heute in furchtbaren Kriegen und der Zerstörung der Natur die Früchte?

Was geht in einem Kind vor, das geschlagen wird?

„Schläge, das bedeutete nie einen spontanen Zornausbruch, auf den Betretenheit und Versöhnung folgen konnten. Das begann mit einem Blick, der mich in ein Ungeziefer verwandelte. Und dann das Schweigen, in dem noch nichts entschieden war und in dem es doch kein Entkommen mehr gab. Das Verschulden wurde in diesem Schweigen verschluckt, es wurde nie erörtert. Da stand das Vergehen, vom Bananenfleck auf dem Kleid bis zur verweigerten Nahrungsaufnahme unsühnbar, und plötzlich war das Vergehen nur mehr Symbol für die ungeheure Schlechtigkeit, für die keine Züchtigung ausreichte."[30]

Angst, vernichtet zu werden

„Liebster Vater,

Du hast mich letzthin einmal gefragt, warum ich behaupte, ich hätte Furcht vor Dir.

Ich wußte Dir, wie gewöhnlich, nichts zu antworten, zum Teil eben aus der Furcht, die ich vor Dir habe, zum Teil deshalb, weil zur Begründung dieser Furcht zu viele Einzelheiten gehören, als daß ich sie im Reden halbwegs zusammenhalten könnte. Und wenn ich hier versuche, Dir schriftlich zu antworten, so wird es doch nur sehr unvollständig sein, weil auch im Schreiben die Furcht und ihre Folgen mich Dir gegenüber behindern."

So beginnt Franz Kafka seinen Brief an den Vater, der uns bereits beschäftigte.

Hier muß er nun noch einmal herangezogen werden, um das Lebensgefühl der durch den Vater drohenden Vernichtung jeglichen Selbstwertgefühls zu beschreiben.

Menschen, die das Glück hatten, nicht geschlagen worden zu

sein, können sich nur schwer vorstellen, daß die Angst vor den Schlägen und dem drohenden Schmerz vom Kind als Todesangst erlebt wird. Das Kind spürt, daß die Macht des Vaters es vernichten könnte.

Kafka beschreibt mehrfach dieses Gefühl. Lassen wir ihn selbst zu Wort kommen:

„Direkt erinnere ich mich nur an einen Vorfall aus den ersten Jahren. Du erinnerst Dich vielleicht auch daran. Ich winselte einmal in der Nacht immerfort um Wasser, gewiß nicht aus Durst, sondern wahrscheinlich teils um zu ärgern, teils um mich zu unterhalten. Nachdem einige starke Drohungen nicht geholfen hatten, nahmst Du mich aus dem Bett, trugst mich auf die Pawlatsche und ließest mich dort allein vor der geschlossenen Tür ein Weilchen im Hemd stehn. Ich will nicht sagen, daß das unrichtig war, vielleicht war damals die Nachtruhe auf andere Weise wirklich nicht zu verschaffen, ich will aber damit Deine Erziehungsmittel und ihre Wirkung auf mich charakterisieren. Ich war damals nachher wohl schon folgsam, aber ich hatte einen inneren Schaden davon. Das für mich Selbstverständliche des sinnlosen Um-Wasser-Bittens und das außerordentlich Schreckliche des Hinausgetragenwerdens konnte ich meiner Natur nach niemals in die richtige Verbindung bringen. Noch nach Jahren litt ich unter der quälenden Vorstellung, daß der riesige Mann, mein Vater, die letzte Instanz, fast ohne Grund kommen und mich in der Nacht aus dem Bett auf die Pawlatsche tragen konnte und daß ich also ein solches Nichts für ihn war.

Das war damals ein kleiner Anfang nur, aber dieses mich oft beherrschende Gefühl der Nichtigkeit ... stammt vielfach von Deinem Einfluß.

Das Schimpfen verstärktest Du mit Drohen, und das galt nun auch schon mir. Schrecklich war mir zum Beispiel dieses: ‚ich zerreiße Dich wie einen Fisch‘, trotzdem ich ja wußte, daß dem nichts Schlimmeres nachfolgte (als kleines Kind wußte ich das allerdings nicht), aber es entsprach fast meinen Vorstellungen von Deiner Macht, daß Du auch dazu imstande gewesen wärest. Schrecklich war es, wenn Du schreiend um den Tisch herumliefst, um einen zu fassen, offenbar gar nicht fassen wolltest, aber doch so tatest, und die Mutter einen schließlich scheinbar rettete. Wieder hatte man einmal, so schien es dem Kind, das Leben durch Deine Gnade behalten und trug es als Dein unverdientes Geschenk weiter. Hierher gehören auch die Drohungen wegen der Folgen des Ungehorsams. Wenn ich etwas zu tun anfing, was Dir nicht gefiel, und Du drohtest nur mit dem Mißerfolg, so war die Ehrfurcht vor Deiner Meinung so groß, daß damit der Mißerfolg, wenn auch vielleicht erst für eine spätere Zeit, unaufhaltsam war. Ich verlor das Vertrauen zu eigenem Tun. Ich war unbeständig, zweifelhaft. Je älter ich wurde, desto größer war das Material, das Du mir zum Beweis meiner Wertlosigkeit entgegenhalten konntest; allmählich bekamst Du in gewisser Hinsicht wirklich recht. Wieder hüte ich mich zu behaupten, daß ich nur durch Dich so wurde; Du verstärktest nur, was war, aber Du verstärktest es sehr, weil Du eben mir gegenüber so mächtig warst und alle Macht dazu verwendetest ...

...

Es ist auch wahr, daß Du mich kaum einmal wirklich geschlagen hast. Aber das Schreien, das Rotwerden Deines Gesichts, das eilige Losmachen der Hosenträger, ihr Bereitliegen auf der Stuhllehne, war für mich fast ärger. Es ist, wie wenn einer gehenkt werden soll. Wird er wirklich gehenkt, dann ist er tot und es ist alles vorüber. Wenn er aber alle Vorbereitungen zum Gehenktwerden miterleben muß und erst wenn ihm die Schlinge vor dem Gesicht hängt, von seiner Begnadigung erfährt, so kann er sein Leben lang daran zu leiden haben."[31]

Die Gefühle der Nichtigkeit und der Schuld sind es, die einen Menschen, der den Vater so erfährt, ein Leben lang nicht mehr loslassen und die er irgendwie kompensieren muß, um zu überleben. Dieses demütigende Gefühl der eigenen Nichtigkeit resultiert aus der Erfahrung des Kindes, vor den Augen des allmächtigen Vaters eben ein *Nichts* zu sein, jemand, dem gerade noch die Gnade gewährt wurde, am Leben gelassen zu werden. Anders zu empfinden als dieser Vater mußte den Zweifel wecken, ob die eigenen Gedanken und Gefühle denn überhaupt normal sind:

"In Deinem Lehnstuhl regiertest Du die Welt. Deine Meinung war richtig, jede andere war verrückt, überspannt, meschugge, nicht normal ..."

Da niemand in den Augen des Vaters bestehen konnte,

"blieb niemand mehr übrig außer Dir. Du bekamst für mich das Rätselhafte, das alle Tyrannen haben, deren Recht auf ihrer Person, nicht auf dem Denken begründet ist. Wenigstens schien es mir so."

Wie sollte es auch anders sein, da das einzig Fraglose, das in der Welt dieses Kindes existierte, der Vater war, der sich zum Maßstab allen Denkens und Fühlens machte.

"Du warst für mich das Maß aller Dinge", formuliert Kafka. Was dieser Mann sagte, war "geradezu Himmelsgebot", "es blieb ... das wichtigste Mittel zur Beurteilung der Welt". Er selbst war für Franz "der ... so ungeheuer maßgebende Mensch".[32]

Das "Nichts" wurde zuletzt auch noch zum Schweigen gebracht, so daß es nicht mehr störte:

"Du hast mir schon früh das Wort verboten. Deine Drohung ‚Kein Wort der Widerrede!‘ und dazu die erhobene Hand begleiten mich schon seit jeher. Ich bekam vor Dir – ... – eine stockende, stotternde Art des Sprechens, auch das war Dir noch zuviel, schließlich schwieg ich, zuerst vielleicht aus Trotz, dann, weil ich vor Dir weder denken noch reden konnte."[33]

Vor Dir habe ich kein Ansehen

Daß Kafkas Erfahrungen kein Einzelfall sind, zeigen die Menschen, die therapeutische Begleitung suchen. Die meisten haben ein gebrochenes Selbstwertgefühl, wobei der fehlende oder übermächtige Vater eine Schlüsselrolle spielt.

Eine Frau in der Lebensmitte schreibt, nach den ersten Gedanken an ihren Vater gefragt: „Macht: Das ist das Schlüsselwort, das ich über die Erfahrungen mit meinem Vater stellen möchte bzw. das, was sich mir aufdrängt.
Immer habe ich ihn als Machtperson erfahren. Was er wollte, mußte ausgeführt werden. Er hatte das Sagen – alle anderen hatten zu gehorchen. Widerrede wurde nicht geduldet. Er hatte immer recht – oder wir gaben nach, damit er recht haben konnte. Seinen starken Willen möchte ich mit seinen eigenen Worten ausdrücken: ‚Was man will, das kann man!'
und: ‚Ich kann nicht, heißt, ich will nicht!'
Von Beruf war mein Vater Kriminalbeamter, was seine Autorität, auch bei uns Kindern und bestimmt auch bei unserer Mutter verstärkte. – Er war der Hüter des Gesetzes. Gesetze mußten befolgt werden. Gesetzesübertreter mußten überführt und bestraft werden … Wenn ich heute darüber nachdenke, dann kann ich sagen, daß ich immer in einer Art ‚Hab-acht-haltung' ihm gegenüber gelebt habe."

KlientInnen fällt es schwer, darüber zu berichten, daß oder gar wie sie vom Vater geschlagen wurden. Viele verneinen eine entsprechende Frage zunächst, und erst später dürfen solche Erlebnisse auftauchen. Manche sagen zögernd: „Manchmal, glaube ich schon", oder „Ich meine, nur ein einziges Mal richtig." Offensichtlich werden diese Erlebnisse stark verdrängt, was ja sehr verständlich ist, da sie oft die einzigen körperlich erlebten Vaterbeziehungen darstellen und nicht selten eine „erzieherisch gerechtfertigte" Form sexuellen Mißbrauchs sind, vor allem, wenn die Mädchen sich entblößen mußten.

„ich höre eine türe zuschlagen, schwere tritte die treppe her-
aufschlurfen.

,schwartemage' nannte mein pflegevater die prügel. er
schlug mich mit seinem militärgurt und weinte dabei. meist
war ich nackt."[34]

Eine Klientin, die wegen massiver Ängste und Selbttötungs-
gedanken eine Therapie suchte, berichtete gleich in der er-
sten Sitzung davon, daß ihr Vater sie geschlagen hat.

Der Vater war Lehrer, und so hatte sie vor allen Autoritäten
Angst.

„Ich muß aufpassen, daß ich noch weiß, was ich will", be-
schreibt sie sich, wenn sie mit Männern zu tun hatte. Wenn
sie als Jugendliche den Mund aufmachte und eine Meinung
äußerte, reagierte der Vater mit „Du Dummbabblerin!"- Dann
fühlte sie sich – und fühle sich auch heute noch oft so – wie
ein Nichts.

Als unansehnlich erlebt sich ein Kind aber nicht nur, wenn es
geschlagen wird.

Es ist ja vor allem die Willkür des Vaters, der mit einem machen kann, was ihm paßt, die das Gefühl nährt, ein „Nichts"
zu sein.

Als Kind hatte die Klientin zwei Schlüsselerlebnisse: Aus Angst
vor dem Gewitter flieht sie ins Schlafzimmer der Eltern und
wird vom Vater mit Donnerstimme zurückgetrieben.

Weil sie – etwa drei bis vier Jahre alt – nicht in der Mitte der
Rückbank des Autos sitzen will, um nicht vom Vater durch
den Rückspiegel beobachtet zu werden, setzt der Vater sie auf
die Straße und fährt weiter.

In den Träumen wird A. von Männern verfolgt, die ihr Ge-
walt antun wollen. Manchmal sind es deutlich „ältere Leh-
rer".

In einem Tagebucheintrag beschreibt sie nicht nur die „Hin-
terhältigkeit" des Vaters. sondern auch, wie ihr Gottesbild
durch Angst und Mißtrauen vergiftet wurde:

„Denke ich an meinen Vater, kommen mir die Tränen[Der Vater war einige Jahre vorher gestorben]: ‚Könnte ich Dich doch noch fragen, ob Du's wirklich so gemeint hast!'

Immer von hinten – von hinten bin ich noch wertloser als von vorn, von hinten bin ich geschlagen, von hinten habe ich kein Ansehen ...

Weißt du, gestern ... durfte ich entdecken, daß ich Angst vor Gott habe, daß ich ihn mir groß über mir vorstelle, groß und mächtig, mich niederdrückend, mich nicht groß sein lassend, mit strengem erhobenen Zeigefinger, böse auf mich, wie ein zitterndes Kind [bin ich], das Angst hat vor Strafe, vor der Strenge des Vaters, das kaum aufblicken kann, über sich die Strenge, Härte, Autorität des Vaters.

Mißtrauen – er läßt mich fallen, er ist böse, aggressiv, er schlägt mich, fängt mich nicht auf, schickt mir etwas Schlimmes. "

Schläge, so zeigen viele Einzelschicksale, zerstören im Keim das Selbstwertgefühl, lassen die Geschlagenen mit Schuldgefühlen und der Empfindung, nur ein Dreck zu sein, zurück. Die Wut dürfen sie nicht spüren. Das wäre eine Katastrophe. Vater, das heißt ANGST für sie, Ausgeliefertsein einer Willkürmacht, die stets droht und der zu widerstehen unmöglich ist. Selbst wenn die Wut auf diesen Vater empfunden wird, bleiben Schuldgefühle, Scham und Angst zurück.

Nach den Gefühlen ihrem Vater gegenüber gefragt, schreibt eine Frau:

„Gefühle, die ich für meinen Vater empfinde:

Haß, Ekel, Wut, Zorn

Gefühle, die mich betreffen:

Schuldgefühle, Mitleid, Scham, Angst, Trauer, Schmerz"

3. Von einem Vater nur träumen

Früher Vaterverlust

Den Vater als allmächtigen Despoten zu erleben, führt zur Zerstörung des Vatersymbols, da solche frühen Erfahrungen das Wort „Vater" eindeutig in das Erleben von Ohnmacht, Unwert und Angst, vernichtet zu werden, binden. Solche Vatermacht ist nicht mehr zu öffnen auf eine „transzendente" Bedeutung von „Macht" hin, die nicht Gewalt und Unterdrückung bedeutet.

Kafkas Brief an den Vater hat die Gefühle des Kindes für Abertausende gültig beschrieben, die unter der Herrschaft eines solchen Vaters aufwuchsen.

Bevor wir den Strukturen dieser Herrschaft und ihren „christlichen" Ausprägungen näher nachgehen, muß noch eine andere Erfahrung zur Sprache kommen, die heute möglicherweise die Mehrzahl der Kinder, Mädchen und Jungen, machen: die Abwesenheit des Vaters.

Auf den ersten Blick sieht es so aus, als sei dies ein Ausweg aus der Fixierung des Vaterbildes auf Willkürmacht und Gehorsamsforderung und damit eine Chance, VATER als Symbol wiederzugewinnen.

Zweifellos bleibt dem Kind, das keine konkrete Vatererfahrung macht, viel Raum, sich einen Vater zu phantasieren. Wir werden später noch davon zu sprechen haben, daß VATER offenbar zu den „archetypischen" Bildern gehört, die wir in unserer Seele tragen. Unsere leibhafte Vatererfahrung wird also stets auch von diesem Potential mitgeformt.

Aber so wie diese Vatersehnsüchte von einem despotischen Vater bis zur Unkenntlichkeit unterdrückt werden, so können, wenn der Vater nie konkret erlebt wird, diese Sehnsüchte allzu vage bleiben und auf alle möglichen Menschen oder Institutionen projiziert werden, die solche Sehnsüchte nicht erfüllen können. So bleibt das, was mit „Vater" verbunden wird, eigentümlich leer, hat vielleicht früh mit zerstörten Wünschen und Träumen zu tun, ohne je zu einer wirklichen Erfahrung werden zu können.

Die Abwesenheit des Vaters kann ganz real in dem Sinn sein, daß der Vater nicht da ist: sei es, daß das Kind ihn nie kennenlernte, sei es, daß er so früh wegging, daß keine Erinnerung mehr an ihn besteht. Die heute 50–60jährigen, also die vor oder im Zweiten Weltkrieg geborenen Menschen, hatten ja weithin das Schicksal, als Halbwaisen aufzuwachsen, weil der Vater vermißt oder gefallen war.

Heute erleben Kinder eher, daß der Vater weggeht, wenn sie zum Teil noch sehr klein sind, weil die Eltern sich trennen.

Frauen und Männer, die ohne Vater aufwuchsen, weil die Mutter nach dem Verlust des Mannes nicht wieder heiratete – berichten nicht selten, daß sie von anderen Kindern darum beneidet wurden, keinen Vater zu haben. Im Vergleich zu diesen Kindern, die oft vom Krieg zermürbte Männer als strenge Väter hatten, fühlten sich jene Mädchen und Jungen alleine mit der Mutter recht wohl und vermißten den Vater nicht.

Für Ihre Vaterprojektionen standen ihnen in der Regel Männer im sozialen Umfeld von Schule und Gemeinde zur Verfügung, für kirchlich Gebundene gab es damals noch Pfarrer und Kapläne. Ihr idealisiertes Vaterbild ließ sich auf Gott leicht übertragen.

Auch wenn eine frühe Erinnerung an den Vater mit Angst verbunden ist – wie Frauen berichten, die etwa drei Jahre alt waren, als der Vater zum Kriegsdienst eingezogen wurde –, so prägte doch dieses Erleben nicht das Vaterbild, weil es früh durch andere Erfahrungen überdeckt wurde.

Ich hätte Dich so gebraucht!

In einer Gruppe mit Frauen und Männern werden die Frauen aufgefordert, ihren Aggressionen gegen Männer verbal

Ausdruck zu verleihen, und danach sollen die Männer dasselbe gegenüber den Frauen tun.

Während die Frauen „aus dem vollen schöpfen" und ihre Schimpfkanonade kein Ende nehmen will, stehen die Männer ratlos da und sind erst nach wiederholter Aufforderung dazu bereit, vereinzelte Schimpfworte zu äußern.

Dieses Verhalten ist, wie Therapeuten berichten, nicht vereinzelt, sondern eher die Regel.

Daß Frauen mit einer Riesenwut auf Männer im Bauch herumlaufen, hat sicher zuerst einmal ganz handfeste Gründe: Männer enttäuschten sie, ließen sie im Stich, übernahmen keine Verantwortung, waren passiv und konfliktscheu, betrogen sie usw.

Sobald freilich an dieser greifbaren Wut gearbeitet wird, zeigt sich sehr schnell, daß dieser Zorn eigentlich dem Vater gilt, nach dessen Bild sie sich ihre Männer wählten.

Männer dagegen können (ohne Alkohol!) gegen Frauen wesentlich schwerer aggressiv sein, weil sie die Mutter schonen müssen, sie nicht verlieren wollen.

Frau L. will therapeutische Begleitung in Anspruch nehmen, weil sie wie viele Frauen Probleme mit Männern hat. Derzeit hat sie einen Freund, der beruflich außerordentlich engagiert ist und wenig Zeit hat: „Alles ist ihm wichtiger als ich. Dabei behauptet er, mich zu lieben."

Wut und Verlassenheitsangst treiben diese junge Frau dazu, dauernd zwischen Trennungsabsichten und bettelndem Sich-Anklammern hin und her zu schwanken, was sie „fast verrückt" macht. „Bin ich zu anspruchsvoll, wenn ich etwas mehr Zeit für mich verlange?", fragt sie.

Es dauert nicht lange, bis sie spürt, daß sie mit dieser Frage und ihren Gefühlen den Vater meint, der nie Zeit hatte.

In einer intensiven Arbeit, in der sie den Vater auf einen leeren Stuhl sich gegenüber setzt und mit ihm in einen Dialog tritt, bricht es weinend aus ihr heraus:

„Warum warst du nie für mich da? Ich hätte dich so sehr gebraucht!"

Es mag verschiedene Gründe geben, warum eine Frau auf ein Defizit ihres Lebens stößt, das sie als Fehlen des Vaters identifiziert. Meist dürfte sie aber als kleines Mädchen noch so viel vom Vater mitbekommen haben, daß sie den Mangel deutlich wahrzunehmen gelernt hatte.

Daß der Vater sich einfach davonmachte, erzeugt in Kindern Traurigkeit und Wut, die von ihrer Umgebung oft nicht verstanden werden. In zahlreichen Fällen wird der Vater durch den Tod weggenommen, den das Kind nicht verstehen kann. Öfter aber verlieren Kinder ihn durch die Trennung der Eltern. Dann wird das Vaterbild nicht selten gespalten: Einmal ist es gezeichnet nach dem Bild, das die Mutter von ihrem Mann immer wieder entwirft und damit in verhängnisvoller Weise meist negativ verzerrt. Sodann wird es dadurch bestimmt, wie das Kind selbst den Vater erlebt, wenn es mit ihm zeitweise zusammen ist. Freilich setzt das voraus, daß der Vater den Kontakt zum Kind aufrechterhält und sich nicht aus dem Staub macht.

Kinder solcher unvollständigen Familien träumen von einem Vater, der *immer* da ist, so wie sie es in anderen Familien erleben.

Während der ideale Vater auf männliche Gestalten des sozialen Umfeldes projiziert wird und auch auf Gott, wenn er in der Schule als „Vater" dargestellt wird, bleibt die konkrete Vatererfahrung vom Mißtrauen geprägt: Auf einen Vater ist kein Verlaß. Man kann sich nicht an ihm festhalten.

Wenn man ihn braucht, ist er nicht da, also hat er einen nicht lieb!

Vaterdefizit und Vatersymbol

Die Frage, die sich hier im Zusammenhang unseres Themas stellt, ist die, in welcher Weise das Fehlen des Vaters die Möglichkeit beeinflußt, VATER als Symbol erfahren zu können. Zweifellos ist es für Menschen, die keinen Vater hatten, leichter als bei solchen, welche die erdrückende Vatermacht und die Angst vor der Vernichtung bewußt erlebt haben. Während bei ihnen die Sehnsucht nach echter Väterlichkeit nahezu erdrückt sein kann, so daß sie „Vater" nicht mehr hören können, haben erstere eher die Chance, „Vater" für verschiedene Erlebnisinhalte offen zu halten.

Das Vatersymbol für Gott kann deshalb leichter mit unterschiedlichen, ja gegensätzlichen Erfahrungen angereichert werden, statt entweder als streng-zorniger Richter oder als „lieber Papa"(als Gegenbild zum Erleben des realen Vaters, das dem Wunschdenken entspringt) festgelegt zu werden.

Somit liegt in dem fehlenden Erleben eines Patriarchen-Vaters durchaus eine neue Chance, über das Gottessymbol VATER einen Zugang zu religiöser Erfahrung zu erhalten. Es bleibt allerdings das Manko bestehen, daß zu bestimmten zentralen Aspekten des Vatersymbols keine konkreten Erfahrungen gemacht werden können und die Rede von einem liebenden, sorgenden Gott Theorie bleibt.

In dieses Defizit schiebt sich nun das, was auf *unbewußter Ebene* das Vaterbild prägt. Und das ist, wie weiter unten noch näher zu besprechen sein wird, zum großen Teil das Erbe der jahrhundertelangen christlichen Sozialisation, die Vater, Gott, Erziehung und Strafe in unlösbaren Zusammenhang bringt. Auch wenn dieser Kettenschluß auf bewußter Ebene nicht an einem Vater als Mann erlebt wurde, so doch in der „Väterlichkeit" der Mutter, wenn sie verbietend und strafend in Aktion trat.

Tiefenpsychologisch muß man das so sehen, daß die Seele diese Erlebnisinhalte von der Mutter ablöst und dem Bild des Vaters zuschlägt, der psychisch für Autorität steht.

So wundert es nicht, wenn in Therapien Menschen mit einem Gottesbild, das den strengen kontrollierenden Gesetzgeber und Richter zeigt, auf Erfahrungen mit der *Mutter* stoßen und sie dort die Quelle für ihre Vorstellung von Gott finden. Wir können und müssen also wahrscheinlich davon ausgehen, daß durch die über Generationen hinweg verinnerlichte fordernd-strafende Vatergestalt das Vater-Seelenbild entsprechend einseitig wirkt. Seine anderen Aspekte sind davon regelrecht erdrückt, so daß sie erst wieder lebendig werden müssen.

Von einem Vater zu träumen, die Vatersehnsucht also, wird durch diese verhängnisvolle Entwicklung ernsthaft gebremst und beeinträchtigt. Es ist, als dürfe sie sich nur in unrealistischen Phantasien entfalten oder im Bann des negativen Vaterkomplexes gefangen bleiben. Dennoch bricht sie gelegentlich heftig durch und enthüllt schlagartig andere wesentliche Aspekte von Väterlichkeit. So etwa, wenn Kinder den Vater, den sie nie kennenlernen durften, zu suchen anfangen, um den Mann, der sie gezeugt hat, endlich einmal zu sehen. So spüren sie ihrem eigenen Ursprung nach, ihrem Woher?, das sie unweigerlich mit dem Vater verbinden, auch wenn er sich nie um sie kümmerte.

Sie haben dabei keine Wahl; denn die Vergewisserung der eigenen Herkunft und der Erlaubnis zu sein ist mit dem Vater verbunden, dessen Kind sie immer sein werden.

4. Das Patriarchat: Willkür und Gehorsam

Wie lange nun eigentlich schon in der Geschichte der menschlichen Kulturen die Vaterherrschaft sich durchsetzte und ob dieser Zeit eine der Mutterherrschaft (Matriarchat) vorausging, darüber werden sich die Historiker vermutlich noch lange streiten.

Unbestreitbar ist hingegen die Feststellung, daß das „Vater-Debakel"(H.G. Gadamer)in unserem Jahrhundert, genauer in der Katastrophe des Nationalzozialismus, einen schrecklichen Höhepunkt fand. Damit soll nicht der Nationalsozialismus „erklärt", sondern auf eine meist übersehene Seite desselben aufmerksam gemacht werden. Eindrucksvoll ist, wie Hitler auch bei jungen Menschen, welche die Zeit des „Dritten Reiches" nicht selbst erlebt haben, den inneren Vater-Despoten verkörpert.

So erzählte mir kürzlich eine junge Frau, die weder die Nazizeit erlebte noch vom Vater geschlagen wurde, daß sie träumte, sie sei von Hitler zu einer Gerichtsverhandlung geladen, in der sie das Todesurteil zu erwarten habe. Nur oben bekleidet, erwartet sie auf einer Mauer, daß sie abgeholt wird.

In den letzten Jahrzehnten wurde uns nicht nur bewußt, daß die Väter die Verantwortung für die beiden großen Weltkriege tragen.[35] Vielmehr ließ sich die furchtbare Einsicht nicht vermeiden, daß das patriarchale Denken die Ursache für die seelische und ökologische Zerstörung von Mensch und Natur ist. Wie weit es gelingt, die Folgen dieser katastrophalen Entwicklung zu mildern oder Neuanfänge anzustoßen, davon wird – das wir uns immer klarer – das Schicksal der Menschheit auf dieser Erde abhängen.

Muß man sich wundern, wenn als Reaktion auf diese Erkenntnis ein Weg nach vorne nur im Verzicht auf den Vater, in seiner Abschaffung gesehen wurde, so daß auf Wandaufschriften von 1968 zu lesen war: „Le père pue", der Vater verwest?

Hans-Georg Gadamer, der dies als Mitteilung von Gabriel Marcel berichtet, fügt die Frage hinzu:

„Was bedeutet es demgegenüber, wenn Millionen von Christen nicht aufhören, das Herren-Gebet zu sprechen? Ist nicht hier die Rede von Gott-Vater Drusch auf leeres Stroh?"[36]

Das ist der Aspekt der geistig-seelischen Verwüstung, die das Patriarchat mit sich brachte, dem wir uns zuwenden wollen, so schwierig das auch ist.

Für ihre dritte Arbeitstagung nach dem Zweiten Weltkrieg stellte sich die Gemeinschaft „Arzt und Seelsorger" im Jahre 1954 das Thema: „Das Vaterproblem in Psychotherapie, Religion und Gesellschaft".

Bereits in der Begrüßungsansprache erwähnte Pfarrer Daur, der im Krieg als Militärpfarrer tätig war, daß er unter den Soldaten nicht einen fand, „der freundliche Erinnerungen an seinen Vater" gehabt habe.

Und er fuhr fort:

> „Ich glaube, es wäre eine interessante Aufgabe für einen Historiker festzustellen, wie viele der großen Revolutionäre, wie viele der gewaltigen Tyrannen, Eroberer und Kriegshelden negative Vaterkomplexe mit sich trugen und in vielgerühmten und vielgeschmähten Taten abzureagieren versuchten, wie viele auch von denen, die mit Leidenschaft gegen den Gottesglauben kämpften, die unzugänglich sind für jedes Wort von einem liebenden Vater im Himmel. Wie viele rächen sich damit unbewußt ein ganzes Leben hindurch an ihrem harten, verständnislosen oder doch von ihnen so betrachteten Vater. Man wird sie nicht durch Gottesbeweise oder durch Bußpre-digen überwinden können, sondern ganz andere Wege suchen müssen, um die Verkrampfungen zu lösen."[37]

Dieses Buch ist ein Versuch, die Verkrampfungen zu lösen, die der negative Vaterkomplex in den Seelen verursachte und dadurch verhinderte, daß das Symbol VATER seine Kraft entfalten konnte.

Wie kann dem schmerzlich empfundenen Defizit, daß der Vater fehlt, begegnet werden? Läßt sich das Vaterbild neu aufrichten, so daß es nicht mehr vergiftet, sondern heilt?

Es dauerte über zwanzig Jahre, bis nach dem erwähnten Symposion der Ärzte und Seelsorger Gelehrte der Universität Heidelberg eine neue Initiative unternahmen. Im Rahmen eines interfakultativen Seminars wurde das Vaterbild verschiedener Kulturen untersucht, um Aspekte der Vaterschaft zu gewinnen, die verloren gegangen waren, von denen man aber Impulse für eine Erneuerung erwartete.[38] Dieser Versuch kann hier nicht gewürdigt werden. Doch fällt auf, daß die Autoren zur Idealisierung neigen, so daß sie für unsere Fragestellung wenig Hilfestellung leisten.

Unter deinem Zorn vergehe ich

Es geht nicht um eine kulturgeschichtliche Würdigung der Vatergestalt, sondern darum, in welcher Weise der Vater die Empfindungen und Vorstellungen der Heranwachsenden prägte, wie sich seine Macht auf das Selbstwertgefühl und ihre Interpretationen von Mensch und Welt auswirkte. Da für uns die jüdisch-christliche Tradition maßgebend ist, muß sich unsere Aufmerksamkeit auf sie konzentrieren.

Eine besondere Schwierigkeit ergibt sich daraus, daß die Quelle, auf die wir zurückgreifen müssen, in erster Linie das Alte Testament ist. Auf einer kritischen Analyse der Bibel als Quelle unheilvoller und zerstörerischer Entwicklungen liegt aber immer noch ein Tabu[39], so daß man sich leicht dem Vorwurf des Antisemitismus aussetzt, wenn man solche aufzuzeigen wagt. Deshalb muß betont werden, daß es in diesem Abschnitt nicht um das Gottesbild des Alten Testaments geht; darüber wird in einem späteren Kapitel gehandelt. Hier ruht das Augenmerk vielmehr ganz auf solchen Texten, die zeigen, welche Gefühle ein Kind gegenüber seinem Vater haben konnte (und sie auf „Gott" projizierte).

Diese Texte gelten uns also nicht als Quelle für *das* alttestamentliche Gottesbild, sondern für die kindlichen Empfindungen.

Aber wie können wir vorgehen? Denn das Alte Testament hat nur in den Weisheitsschriften pädagogische Praxis überliefert, während sie sonst solche nicht reflektiert. Sein Thema ist ja die Beziehung zwischen Jahwe (Gott) und seinem von ihm erwählten Volk. Dieses ist allerdings von den Erfahrungen gespeist, die Kinder mit ihren Vätern machten: die „göttliche Pädagogik" gegenüber den Kindern Israels spiegelt offensichtlich das, was Töchter und Söhne in der Familie erlebten.[40] Das heißt aber, daß wir uns mit den Gefühlen der Israeliten gegenüber ihrem Gott Jahwe befassen müssen, um zu erfahren, was es bedeutete, unter väterlicher Gewalt zu stehen.

Ist es dabei wirklich nur nebensächlich, daß im Alten Testament so oft von der Strafe und Züchtigung Jahwes die Rede ist und das Volk fleht, es davor zu bewahren?

Man kann es sich natürlich einfach machen, wenn man in einem 50seitigen Beitrag über den Vater im Alten Testament „kurz von der Züchtigung" redet und feststellt, daß „sie im alten Orient von Anfang an und ohne jede Verkniffenheit ins pädagogische Programm gehörte und es überhaupt kaum eine bedeutende Kultur gab, in der es als menschliche Tragödie galt, wenn ein Vater seinem Sohn den Hosenboden versohlte."[41]

Das erinnert sehr an das „Uns hat's auch nicht geschadet" der selbst geprügelten Väter, die ihre eigenen Kinder wieder schlagen. Was das aber im *Kind* bewirkt, darüber will ein solcher Autor auch nicht einen Moment lang nachdenken.

So richtig die Feststellung also ist, daß das Schlagen von Kindern in den patriarchalisch geprägten Kulturen üblich war, so wenig spricht diese Tatsache dafür, daß dies gut und heilsam war. Es ist keine Erfindung der „modernen Pädagogik", daß geschlagene Kinder starke Haßgefühle entwickeln, die sie mühsam unterdrücken.

Für die griechische Kultur hat uns Aristophanes in seiner Komödie „Die Wolken" eine Szene überliefert, die mehr aussagt als viele Bände kluger Betrachtungen zur griechischen Erziehungskunst. In ihr verprügelt ein Sohn den Alten und rechtfertigt das so:

> „Hast du mich nie geschlagen? ... Was einem Vater recht ist, muß einem Sohn billig sein. Du hast mich so viel geschlagen, daß ich dich noch lange schlagen kann, ehe wir quitt sind."[42]

Rachegefühle, die sich hier in einer „Komödie" Luft machen, wie haben sie die Geschichte unseres Abendlandes mitbestimmt? Oder fehlt uns einfach die Phantasie, um uns das Leben eines römischen Kindes unter der patria potestas, der väterlichen Gewalt, vorzustellen, die Antonie Wlosok folgendermaßen charakterisiert:

> „Das Besondere ... ist nun aber, daß seine Gewalt das Straf- und Tötungsrecht einschloß. Er besaß die Macht über Leben und Tod aller Hausangehörigen ... Dadurch war er auch der Richter in der Familie und nahm in dieser eine Stellung ein, die der eines absoluten Monarchen gleichkommt. Der pater familias hatte beispielsweise neben der Macht, freie Personen unter seiner Gewalt zu töten, auch das Recht, sie zu züchtigen, und zwar unter der Verwendung jeder Strafart, die Hauskinder zu verkaufen, zu verheiraten, und ihre Ehen zu scheiden. Seine Machtfülle erscheint somit allumfassend und uneingeschränkt ... Noch Seneca sprach von der quasi-magistralischen Stellung der Hausväter, die er allein wegen der Aufgabe der Erziehung der Jugend für geboten hielt."[43]

Am Anfang des vierten Jahrhunderts wird ein christlicher Autor, Laktanz, die vom Alten Testament her geprägten Vorstellungen von Gott mit dem ihm vertrauten römischen Gottes- und Vaterbegriff verbinden und eine Vater-Gott-Konzeption entwickeln, die in der Folgezeit beherrschend wurde.

Doch zunächst fragen wir nach der Vatererfahrung eines jüdischen Kindes in alttestamentlicher Zeit. Sie ist uns in der Darstellung ihres Gottes Jahwe in seiner Beziehung zu seinem Volk zugänglich. Als solche hat sie Gottesbild und Vaterbild der christlich bestimmten Kulturkreise entscheidend mitgeprägt. Zunächst gilt es, die Gefühle des Kindes vor dem allmächtigen Vater zu verstehen, der in seinem Zorn unberechenbar ist. Ich wähle dazu Texte aus den Psalmen und den Klageliedern, weil hier diese (meist übersehene) Seite der menschlichen Tragödie am deutlichsten wird. Es ist nicht leicht und doch wichtig, sie eine Weile auf sich wirken zu lassen und sich dabei vorzustellen, wie einem Kind dabei zumute ist:

„Ich schweige, tu meinen Mund nicht mehr auf ...
Nimm hinweg von mir deine Plage, ich erliege der Gewalt deiner Hand.
Du züchtigst den Menschen, du strafst die Schuld, was ihm kostbar ist, läßt du zerfallen wie vom Fraß der Motten, jeder ist nur ein Hauch.
Höre mein Rufen, meinem Weinen verschließe dich nicht...
Blicke weg von mir, daß ich noch einmal aufatmen kann, bevor ich gehe und nicht mehr da bin." (Ps 39, 10–14)

Unter dem strafenden Blick verstummen, ja erst atmen zu können, wenn der Vater ihn nicht mehr anschaut – könnten diese Sätze nicht ebenso gut von Kafka stammen?

„Du warfst mich in die unterste Grube, in die Finsternis, in den Abgrund.
Schwer lastet auf mir dein Unmut, all deine Wogen brechen über mich herein.
Meine Freunde hältst du mir fern, du machst mich ihnen zum Greuel, ein Gefangener bin ich und kann nicht entrinnen ...
Elend bin ich von Jugend an und vom Tode bedroht, ich trug deine Schrecken und siechte dahin.
Die Gluten deines Zorns gingen über mich hin, vernichtet haben mich deine Schrecken.
Sie umringen mich immerfort wie flutende Wasser, alle zusammen bedrängen mich.

Entfremdet hast du mir den Freund, und nur das Dunkel ist mir vertraut.(Ps 88, 7–9. 16–19)

Wahrlich, vor deinem Zorn schwinden wir hin, vor deinem Ingrimm sind wir erschüttert.

Vor deine Augen stellst du unsere Schuld …

All unsere Tage vergingen in deinem Zorn, wie ein Seufzer verlebten wir unsere Jahre …

Wer kann wägen die Gewalt deines Zorns, wer fürchtet die Wucht deines Grimms? …

Für die Tage, an denen du uns gezüchtigt, mache uns froh, für die Jahre, da wir Böses erfuhren." (Ps 90, 7–9. 11. 15)

„Versengt wie das Gras und verdorrt ist mein Herz, ich vergaß zu essen mein Brot.

Ich zehre mich auf in Seufzen …

Ich finde keinen Schlaf und ich klage, wie auf dem Dach der verlassene Vogel …

Denn ich esse mein Brot wie Asche, mein Trank vermischt sich mit Tränen.

Weil du mir zürntest und mir versagst deine Gnade; denn du hast mich erhöht, nun aber wirfst du mich nieder." (Ps 102, 5–6.8.10–11)

Unter dem Zorn des strafenden Vaters wird das Leben zu einem Alptraum, wird schrecklich. Die Folge ist nicht nur Angst, sondern auch Traurigkeit und Vereinsamung.

Dieser väterliche Zorn wird durch die „Sünde" ausgelöst, die stets Ungehorsam gegen den Willen des Vaters ist, wie wir noch sehen werden. Ergänzen wir aber vorher noch den Einblick in die kindliche Seele durch einige Abschnitte aus den Klageliedern:

„Ihr alle, die ihr des Weges kommt, schaut her und seht, ob ein Schmerz meinem Schmerze gleicht, der mir angetan wurde, womit Jahwe mich heimsuchte am Tage seiner Zornesglut!

Aus der Höhe sandte er Feuer, schleuderte es in mein Gebein,

stellte meinen Füßen ein Netz, zwang mich zur Umkehr, machte mich zerschlagen noch für alle Zeit.

Er hat überwacht meine Sünden, mit seiner Hand hat er mich umklammert. Sein Joch kam auf meinen Nacken, das brachte meine Kraft zum Wanken.

Darüber muß ich weinen, mein Auge fließt über in Tränen. Ach wie fern ist mir der Tröster, meine Seele umzustimmen! ...

Jahwe ist gerecht; denn seinem Wort hab' ich getrotzt.

Es windet sich das Herz im Leibe mir, weil ich so widerspenstig trotzte. (Klgl 1, 12–14.16.18.20)

Ich bin der Mann, der Leid erlebt hat unter der Rute seines Zornes.

Mich hat er weg- und fortgetrieben, wo Dunkel ist, nicht Licht.

Immer wieder kehrt er seine Hand gerade gegen mich.

Er zehrte aus mein Fleisch und meine Haut, er knickte mein Gebein.

Er machte mir ein Joch, ließ kreisen um mein Haupt Beschwernis ...

Er schloß in Mauern mich, wo kein Entrinnen ist; er legte mich in schwere, eherne Fesseln.

Auch wenn ich schrie und flehte, so blieb er stumm auf mein Gebet." (Klgl 3, 1–5–8)

Menschen, die unter der Rute väterlichen Zorns aufwuchsen, berichten fast immer, daß ihr Schreien und Flehen um Gnade nichts nützte. Im Gegenteil: Oft bewirkte Schreien weitere Hiebe, und das Flehen, noch einmal verschont zu werden, blieb unerhört, weil „das Maß voll war", wie sie erfuhren, wenn sie bereits zur Züchtigung vorbereitet waren oder diese mit den ersten Hieben begonnen hatte.

„Zum lauernden Bären ward er mir, zum Löwen im Versteck.

Er drängte mich vom Wege ab, zerfleischte mich und ließ mich dann verlassen liegen." (Klgl 3, 10–11)

Auch diese Erfahrung gehört für viele Geschlagene zum Ritual: Danach wurden sie mit ihrem Schmerz und ihrer Scham alleine gelassen. Der Vater entfernte sich und sie selbst hatten oft noch den Stock an den üblichen Platz zurückzutragen und Stuhl oder Bank, worüber sie lagen, aufzuräumen.

„Heil dem Manne, welcher trägt sein Joch von Jugend an.
Der einsam sitzt und schweigt, weil er es ihm auferlegt.
Der seinen Mund dem Staube nähert.
Vielleicht ist Hoffnung!
Der dem die Wange hinhält, der ihn schlägt, der Schmach erduldet bis zur Sättigung. Denn nicht betrübt der Herr die Menschen für immer.
Wenn er betrübt, erbarmt er sich auch wieder nach seiner großen Huld.
Denn nicht gern drückt er zu Boden und betrübt die Menschenkinder." (Klgl 3, 27–33)

Wer das Monopol auf Gewalt hat, kann auch Gnade üben, die natürlich stets unverdient ist. Das macht die Strafe noch „gerechter". Wenn also das geschlagene Kind nicht aufbegehrt, sondern duldend hinhält, kann es eher hoffen, daß der Vater auch mal wieder aufhört, zumal „er es ja nicht gern tut".

Wie makaber und bitter muß diese Beteuerung von seiten des Züchtigenden im kindlichen Gemüt klingen! „Mir tut es mehr weh als dir!", bekamen und bekommen geschlagene Kinder zu hören, ein geradezu perfider Sadismus, der dem Kind auch noch die Schuld dafür aufbürdet, daß es dem Vater schlecht geht. *Er* leidet angeblich in Wirklichkeit, nicht Tochter oder Sohn.

Dies muß hier so hart gesagt werden, selbst wenn der schlagende Elternteil subjektiv so empfindet, weil er in einer unseligen Übertragung sich mit dem Kind (das er auch einmal war) identifiziert.

Die Auswahl der zitierten Texte, denen sich leicht weitere an-
fügen ließen, wird mir den Vorwurf eintragen, sie seien einseitig und es werde unterschlagen, in wie vielen Texten, zum Beispiel den Psalmen, Gott als gnädig und barmherzig bezeichnet
oder in der Not um Hilfe angefleht wird. Also müsse man, wenn
schon von Jahwe-Israel auf Vater-Kind geschlossen werde, auch
den jüdischen Vater als gütig und hilfreich anerkennen.[44]
Doch dies soll ja gar nicht bestritten werden. Der jüdische Vater war so gut und schlecht wie alle Väter innerhalb eines
patriarchalen Systems. Uns geht es hier einzig um die Verdü-
sterung des Gottesbildes als Folge einer Erziehung, die Willkür und Gewalt gegenüber dem ungehorsamen Kind als selbstverständlich einschloß. Und da komme ich angesichts der
katastrophalen Situation unserer Welt zu der Feststellung, daß
das Maß an Güte und Hilfestellung, das die Väter ihren Kindern gaben, die seelischen Verletzungen nicht kompensieren
konnten, die ihre angstmachende Strafgewalt zufügte.
Es scheint sich mit dem Patriarchat des Alten Testaments ähnlich zu verhalten wie mit der Thora, dem GESETZ: So wie letzteres nach Paulus eigentlich dazu gedacht war, den Menschen
zu Gott zu führen aber de facto – *so wie Menschen nun einmal
sind!* – sie von Gott entfremdete und kein Heilsweg war (vgl.
den Brief des Paulus an die Römer), so hätte auch die Vaterherrschaft eigentlich ein Weg liebend-helfender Autorität, die
in der Verbundenheit der Generationen zu Mündigkeit und
Freiheit führt, sein sollen. Aber menschlicher Machtwille steht
gegen das Ideal und siegt leider nur allzu oft.
Noch einmal: Die Väter standen dabei im Dienst einer Ideologie, die von ihnen (als *„gute Väter"!*) verlangte, daß sie Gehorsam gegenüber ihrem Willen um jeden Preis einzufordern hatten. Und dieser Wille wurde als mit dem Willen Gottes identisch
angesehen.

Einblick in die Erziehungspraxis geben uns die alttestamentlichen Weisheitsschriften, besonders das Buch der Sprüche und Jesus Sirach.

Aber auch in so zentralen Büchern wie Exodus oder Deuteronomium finden sich Hinweise, wie mit ungehorsamen Söhnen verfahren wurde.[45]

In Ex 21,15 heißt es kurz und knapp:

> „Wer seinen Vater oder seine Mutter schlägt, soll mit dem Tod bestraft werden."

Was bedeutet eine solche Drohung für ein Kind, das selbst mit der größten Selbstverständlichkeit geschlagen wird und unweigerlich Rachegefühle entwickelt? Denn nur so ist sein Schlagen der Eltern zu verstehen.

Die Deutung von Schicksalsschlägen, etwa von Krankheit, als „Züchtigung Jahwes" kommt ja nicht von ungefähr, sondern entstammt der täglichen Erfahrung:

> „So erkennt denn in eueren Herzen, daß Jahwe, dein Gott, dich erzieht, wie jemand seinen Sohn erzieht." (Dtn 8,5).

Daß Ungehorsam gegenüber den Eltern als todeswürdiges Verbrechen galt, zeigt deutlich folgender Text:

> „Wenn jemand einen störrischen und widerspenstigen Sohn hat, der auf die Mahnung seines Vaters und seiner Mutter nicht hören will und ihnen auch, nachdem sie ihn zurechtgewiesen haben, nicht gehorcht, so sollen ihn Vater und Mutter ergreifen und den Ältesten seiner Stadt ... vorführen. Sie sollen zu den Ältesten seiner Stadt sprechen: „Dieser unser Sohn da ist störrisch und widerspenstig, will auf unsere Mahnung nicht hören, ist ein Verschwender und Säufer." Alle Männer seiner Stadt sollen ihn zu Tode steinigen und so sollst du das Böse aus deiner Mitte hinwegtilgen." (Dtn 21, 18–21).

Wenn Theologen glauben, solche Texte mit dem Hinweis auf

ihre Vereinzelung und den Hintergrund des „heiligen Rechts"
entschärfen zu können, dann macht mich das wütend. Ich
kann mir gut vorstellen, daß von dieser Vorschrift niemals Eltern Gebrauch machten, weil sie ihr Kind so nicht bestraft wissen wollten.

Aber hier geht es doch um etwas viel Grundsätzlicheres, nämlich darum, daß Ungehorsam und das ungehorsame Kind *das
Böse schlechthin* sind!

> „Verflucht ist, wer Vater und Mutter nicht achtet!
>
> Und das ganze Volk soll sagen: so sei es!" (Dtn 27,16)

Erst diese religiös motivierte Ideologie stieß das Tor auf zu den
unzähligen Mißhandlungen und Leiden der Kinder die Jahrhunderte hindurch. Wie sehr im Alltagsbewußtsein mit dem
Vater die Gehorsamsforderung und die Züchtigung verbunden
waren, zeigt eine Stelle wie 2 Sam 7,14, wo es um die Verheißung an König David geht:

> „Ich will ihm ein Vater und er soll mir ein Sohn sein.
>
> Verfehlt er sich, so werde ich ihn züchtigen mit Menschen-
> ruten und mit Schlägen, wie sie Menschenkindern zuge-
> dacht werden."

„Liebe" wurde mit dem Durchsetzen der Gehorsamsforderung
gleichgesetzt.

> „Wer seine Rute zurückhält, haßt seinen Sohn; doch wer ihn
> liebt, der sucht ihn mit Züchtigung heim." (Spr 13,24)

Immerhin wurde geraten, ihn nicht totzuschlagen:

> „Züchtige deinen Sohn ...; aber nach seinem Tod verlange
> nicht." (Spr 19,18)

Dennoch: Kräftig zuschlagen muß man schon:

> „Halte die Zucht vom Knaben nicht fern.
>
> Er stirbt nicht, wenn du ihn schlägst mit dem Stock.
>
> Du schlägst ihn zwar mit dem Stock; doch du rettest sein
> Leben vor der Scheol (Unterwelt)." (Spr 23, 13–14)

Die Rechtfertigung für die Schläge, unter denen der Sohn schon
nicht sterben wird (*Gefühle* gibt es offenbar nicht!), ist hier

wieder die Gleichsetzung von Ungehorsam und dem Bösen schlechthin, das unweigerlich in die Hölle führen muß. Dazu bringt die Züchtigung noch Wohltaten, für das Kind und besonders für die Eltern:

> „Rute und Rüge vermitteln Weisheit ... Züchtige deinen Sohn, so befriedigt er dich und schenkt deiner Seele Wonne." (Spr 29, 15.17)

Es geht aber letztlich um das Wohl der Eltern, nicht um das des Kindes. Denn:

> „Schmachvoll ist es für einen Vater, einen Ungezogenen gezeugt zu haben ..." (Sir 22,3)

Das Buch Jesus Sirach enthält ein ausführliches Erziehungskapitel, in dem es heißt:

> „Wer seinen Sohn liebt, hält stets den Stock für ihn bereit, damit er in seinen letzten Tagen sich freuen kann.
>
> Wer seinen Sohn züchtigt, wird Freude an ihm haben, und im Bekanntenkreis wird er um seinetwillen gerühmt werden ...
>
> Laß ihn nicht eigenmächtig werden in der Jugend und dulde keine Bosheiten von ihm.
>
> Beuge ihm den Kopf, solange er jung ist, und hau ihm auf die Lenden, solange er klein ist, damit er nicht verrohe und gegen dich widerspenstig werde und dir dann Herzeleid entsteht durch ihn.
>
> Züchtige deinen Sohn und erziehe ihn gut, damit er in seiner Torheit sich nicht gegen dich erhebe." (Sir 30, 1–2. 11–13)

Dieser Text bedarf keines Kommentars, und wir könnten ihn getrost als historisches Dokument zur Seite legen, wenn er sich nicht in der „Heiligen Schrift" befände und die Erziehungspraxis im Gefolge der jüdisch-christlichen Tradition bis heute mitbestimmt hätte.[46] Dies auch deshalb, weil das Neue Testament die hier vorgenommene Gleichsetzung von Züchtigung und Erziehung und die Übertragung auf Gott fortsetzt:

„Denn wen der Herr liebhat, den züchtigt er, er schlägt jeden Sohn, den er annimmt. Zum Zuchtmittel dient es, was ihr zu ertragen habt, wie mit Söhnen verfährt Gott mit euch, denn wo wäre ein Sohn, den der Vater nicht erzieht?" (Hebr 12, 6–7)

Und auch der Gehorsam als wichtigstes Erziehungsmittel wird weiter eingeschärft:

„Ihr Kinder gehorcht euren Eltern von Herzen, denn so gehört es sich. ,Ehre deinen Vater und deine Mutter', das ist das erste Gebot der Verheißung ..." (Eph 6,1–29)

Heute erklären kluge Leute, daß man das vierte Gebot (Eltern ehren) nicht mit Gehorsam gleichsetzen darf. Aber jahrhundertelang wurde es eben in Anschluß an Eph 6,1–2 – das Wort Gottes! – so verstanden und den Kindern beigebracht.

Und ein jüngeres, in mehreren Auflagen erschienenes Buch über „Die christliche Familie" belehrt die Eltern über die Rute als „Weg der Liebe" und das „von Gott gewollte Erziehungsmittel". Denn, so der Autor, die Schläge beschwören eine „rechtschaffene Furcht" beim Kind herauf, die „ein genaues Spiegelbild der Art [ist], in der Gott mit uns, seinen Kindern, verkehrt.

,Es ist schrecklich, in die Hände des lebendigen Gottes zu fallen' (Hebr 10,31)."[47]

Ersparen wir uns weitere Zitate.

Der Einwand drängt sich auf, daß das doch alles gar nicht so schlimm sei. Offensichtlich verkrafteten und verkraften Kinder das Gedemütigt- und Geschlagenwerden so gut, daß sie später als Frauen und Männer „ihren Mann(!) stehen" und in privatem und öffentlichen Leben, Wissenschaft, Kunst und Kultur erstaunliche Leistungen vollbringen. Befürworter der Prügelstrafe weisen stolz darauf hin, wie sehr sie Schläge gebraucht hätten, weil sonst nicht das aus ihnen geworden wäre, was sie heute sind.

Aus tiefenpsychologischer Perspektive ist solche totale Verdrängung kindlicher Demütigung nicht erstaunlich. Der Mensch hat die Fähigkeit, seine Gefühle abzuspalten und sein Leben nur mit den Verstandeskräften zu meistern, die ja in der Tat zu bewundernswerten Leistungen fähig sind.

Aber unter dieser Decke braut sich eine gefährliche, zerstörerische Energie der verdrängten Wut zusammen, und in Krisensituationen zeigt sich, daß zwar der Verstand, aber nicht die Kräfte des Gemüts und des Gewissens gebildet sind: Die *Person* ist im Kern zerstört.

Im Leben des einzelnen zeigt sich das, wenn die verdrängte Wut bei Gelegenheiten hervorbricht, wo sie der Situation nach nicht angemessen ist, sondern schadet und verwüstet. Und in Krisen fehlt ein selbstbewußtes Ich, das Alternativen sehen und nach vorne weisende Entscheidungen treffen kann. Vielmehr handelt der(die)jenige nach den verinnerlichten Mustern, die man sich bereits als Kind aneignete, um den Schmerz nicht mehr (so sehr) zu spüren, nicht geliebt, sondern mit Gewalt zur Anpassung gezwungen worden zu sein.

Und im Leben der Völker? Wann lernen wir, Geschichte endlich zu verstehen als kollektive Neurose? Oder läßt sich die Katastrophe des Nationalsozialismus, in dem die Verachtung des Menschen einen Höhepunkt erreichte, rechtfertigen mit dem Argument, Hitler habe doch auch gute Straßen gebaut?

Die Verwüstung des Vater- und Gottesbildes

„Neben den klassischen Gottesbeweisen hat es noch einen, einen schändlichen, gegeben, der niemals als ein solcher erkannt, geschweige denn bekämpft worden ist. Er lautet: „Ich gehorche, also ist Gott."

Kant ist, wenn auch nicht sein Erfinder – denn befolgt worden ist er vor ihm millionenfach –, so doch sein Formulierer. In der „Religion innerhalb …" (S. 166, Anm.) heißt es: „Wenn nun aber die strengste Beobachtung des Gesetzes als Ursache der Herbeiführung des höchsten Guts (als Zwecks) gedacht werden soll ..., so muß ein allvermögendes moralisches Wesen als Weltherrscher angenommen werden, unter dessen Vorsorge dieses geschieht, d.i. die Moral führt unausbleiblich zur Religion." Man lasse sich nicht durch das Wort „höchstes Gut" in die Irre jagen. Da es im Text zehn Zeilen danach heißt: „da das Gebot: gehorche der Obrigkeit ... moralisch ist", stellt die oben gewählte Kurzfassung: *„ich gehorche, also ist Gott"* keine Übertreibung dar.[48]

Die beschriebenen Erfahrungen mit der Vaterherrschaft und ihre Folgen könnten wir als kulturspezifische Ausprägungen, eben die des Patriarchats, beiseitelegen, wenn sie nicht in einer Weise in den Seelen der Menschen verankert worden wären, die zweifellos zu den wirkungsvollsten gehört: durch religiöse Legitimierung.

Tatsächlich wird das ganze Ausmaß der Seelenzerstörung erst erkennbar, wenn wir uns den unseligen Regelkreis vor Augen führen, der verkürzt so zu formulieren ist: Väterliche Herrschaft nach dem Prinzip von Befehlen und Gehorchen wird auf Gott übertragen und von ihm zurück auf die Väter, um ihre Stellung göttlich zu rechtfertigen und so unangreifbar zu machen. Erschrecken muß in der Tat, wie Günther Anders zu Recht schreibt, daß diese göttliche Verankerung des Gehorsamsgebots so selbstverständlich vollzogen und hingenommen wurde, daß bis heue diesen „schändlichen Gottesbeweis" niemand erkannt und bekämpft hat.

Die nächsten Seiten dieses Buches fühlen sich dieser Mahnung von Günther Anders verpflichtet. Es gilt, diesen verhängnisvollen Zusammenhang zwischen dem biblischen Gottesbild und der patriarchalen Herrschaft schonungslos offenzulegen. Theologen weisen mit Nachdruck darauf hin, welchen Fortschritt es im religiösen Denken der Menschheit bedeutet, daß Israel sich von der Verehrung der Naturgottheiten abwandte und Gott als ein „Gegenüber" dachte, mit dem der Mensch (bzw. im jüdischen Denken: das Volk) in eine Beziehung treten kann. Dieser Gott Jahwe ist nicht mehr an bestimmte Örtlichkeiten gebunden, sondern wandert mit, er tritt aus seiner Verborgenheit heraus und schließt mit dem Volk einen Bund, eine Art Lebensvertrag: Wenn das Volk tut, was Jahwe sagt, dann wird es leben, wenn es sich verweigert, wird es umkommen.

Die Problematik einer solchen Gottesvorstellung können wir an dieser Stelle nicht ausführlich besprechen. Es sei nur darauf hingewiesen, daß ein Gott, auf dessen alleinigen Willen alles Geschehen zurückgeführt wird, die Frage unbeantwortbar macht, weshalb es das Leiden von Kindern gibt.

Hier geht es uns in erster Linie darum, wie die Beziehung zwischen Jahwe und Mensch (Volk) gedacht wird und welche Konsequenzen dieses Denkmuster hat.

Und da kann kein Zweifel bestehen, daß diese Beziehung Gott-Mensch analog der menschlichen Vater(Eltern)-Kind als Befehl-Gehorsam-Verhältnis gedacht wird. So wie der väterliche Wille oberste Norm ist und Kinder zu gehorchen haben, so ist Jahwes Willen alles bestimmend, so daß „Glaube" an ihn im wesentlichen Gehorsam meint.[49]

Dies wird bereits in relativ alten Texten, der bekannten Schöpfungs-und Sündenfallerzählung in Gen 2, 4b–3 deutlich.

In diesem für das Gottes- und Menschenverständnis der Bibel zentralen Text wird die Beziehung zwischen Adam und Jahwe als Gehorsamsverhältnis definiert und als Ursache menschlicher Mühsal und Leiden, der „Vertreibung aus dem Paradies", der *Ungehorsam* gegenüber Jahwes Gebot dargestellt:

„Und Jahwe gab dem Menschen dieses Gebot:

‚Von allen Bäumen des Gartens darfst du essen. Von dem Baum der Erkenntnis des Guten und Bösen aber darfst du nicht essen …'" (Gen 2, 16–17)

Wir haben uns als Erben der jüdisch-christlichen Tradition schon so daran gewöhnt, daß wir gar nicht mehr fragwürdig finden, daß die Beziehung des Menschen zum Göttlichen in die Form eines Gebotes gekleidet wird, so als ob es gar keine andere Möglichkeit gäbe.

Aber das ist natürlich eine enorme Blickverengung.

Eine personale Beziehung – worin ja der Fortschritt gegenüber der Verehrung von Naturgottheiten besteht – kann man sich sicher auch anders vorstellen, und die Bibel tut das ja auch, zum Beispiel im Bild der Ehe (vgl. Hosea 2 u.a.). Das macht allerdings keinen so großen Unterschied, da in der patriarchalen Ehe die Frau dem Mann zu gehorchen hatte wie die Kinder. Aber *wirkungsgeschichtlich*, und darauf alleine kommt es uns an, ist das Modell „Gebot(göttlicher Wille)-Gehorsam" (des Menschen) maßgebend geworden.[50]

So wundert es nicht, daß das Verhör, dem sich Adam und Eva in Gen 3 nach ihrer „Sünde" unterziehen müssen, so bis heute in patriarchalisch strukturierten Familien abläuft: Der ungehorsame Sünder wird gerufen („Jahwe Gott aber rief den Menschen und sprach zu ihm:‚Wo bist du?‘"[Vers 9]). Der aber hatte sich vor den herannahenden Schritten des Vaters aus Angst und voller Schuldgefühle versteckt („Ich vernahm deine Schritte im Garten, da fürchtete ich mich, weil ich nackt bin, und verbarg mich"[Vers 10]). Und dann folgt die typische Scheinfrage, mit der das Geständnis hervorgelockt wird: „Hast du etwa von dem Baum gegessen, von dem zu essen ich dir verboten habe?"[Vers 11] Der Vater weiß das ja längst. Er hat die Untat beobachtet oder berichtet bekommen. Die Frage hebt also nur noch auf das übertretene Gebot ab.

Nun, die Ausflüchte und Schuldverschiebungen bis hin zum zwecklosen Ableugnen kennt jeder, der den Vater mit Rohrstock oder Peitsche vor sich stehen sah und wußte, was ihm blühte. Und ebenso regelmäßig nützte das alles nichts und es erfolgte die *Strafe* (vgl. Gen 3,12 ff.), die für den Ungehorsam verhängt wird: „Weil du … von dem Baume gegessen hast, obwohl ich dir geboten hatte: ‚Du sollst nicht essen von ihm!‘, verflucht sei der Erdboden um deinetwillen …"[Vers 17].

Wir müssen also ergänzen:

Gehorsam gegenüber dem väterlichen (= göttlichen) Willen bedeutet Leben, Ungehorsam hat Strafe, letztlich Tod im Gefolge. Haben wir genug Phantasie, uns vorzustellen, was das für die Lebenseinstellung von Menschen heißt, die diese Logik zutiefst über Generationen verinnerlicht haben?

Ingmar Bergmann formuliert es so:

> „Unsere Erziehung beruhte hauptsächlich auf Begriffen wie Sünde, Bekenntnis, Strafe, Vergebung und Gnade – sie waren konkrete Faktoren in den Beziehungen von Eltern und Kindern zueinander und zu Gott. Darin war eine Logik, die wir akzeptierten und zu verstehen meinten. Möglicherweise trug dieser Umstand dazu bei, daß wir so blauäugig und arglos auf die Nazis reinfielen. Wir hatten noch nie etwas von Freiheit gehört, und noch weniger wußten wir, wie sie schmeckt. In einem hierarchischen System sind alle Türen verschlossen.
>
> Strafen waren folglich etwas Selbstverständliches, das nie in Frage gestellt wurde. Sie konnten schnell und einfach kommen wie Ohrfeigen oder Schläge auf den Hosenboden, konnten aber auch äußerst kompliziert sein, durch Generationen hindurch verfeinert."[51]

Wo es keine Freiheit gibt, kann es auch kein Gewissen geben, brauche ich es nicht. Zu gehorchen ist eine sichere Sache, da gehe ich kein Risiko ein und vermeide die furchtbare Strafe.

Der aus einer katholischen Familie stammende Nationalsozialist und Lagerkommandant Rudolf Höss schreibt über seine Erziehung:

> „Durch das Gelübde meines Vaters, wonach ich Geistlicher werden sollte, stand mein Lebensberuf fest vorgezeichnet. Meine ganze Erziehung war darauf abgestellt. Ich wurde von meinem Vater nach strengen militärischen Grundsätzen erzogen. Dazu die tiefreligiöse Atmosphäre in unserer Familie. Mein Vater war ein fanatischer Katholik …

Ich selbst war auch tief gläubig, soweit man dies als Knabe in den Jahren sein kann, und nahm es mit meinen religiösen Pflichten sehr ernst. Ich betete in wahrhaft kindlichem Ernst und war sehr eifrig als Ministrant tätig. – Von meinen Eltern war ich so erzogen, daß ich allen Erwachsenen und besonders Älteren mit Achtung und Ehrerbietung zu begegnen hätte, ganz gleich aus welchen Kreisen sie kämen. Überall, wo es notwendig ist, behilflich zu sein, wurde mir zur obersten Pflicht gemacht. Ganz besonders wurde ich immer darauf hingewiesen, daß ich Wünsche oder Anordnungen der Eltern, der Lehrer, Pfarrer usw., ja aller Erwachsenen bis zum Dienstpersonal unverzüglich durchzuführen bzw. zu befolgen hätte und mich durch nichts davon abhalten lassen durfte. Was diese sagten, sei immer richtig. Diese Erziehungsgrundsätze sind mir in Fleisch und Blut übergegangen. – Ich kann mich noch gut erinnern, wie mein Vater – der als fanatischer Katholik ein entschiedener Gegner der Reichsregierung und deren Politik war – seinen Freunden stets vor Augen hielt, daß, trotz aller Gegnerschaft, die Gesetze und Anordnungen des Staates unbedingt zu befolgen wären.

Schon von klein auf wurde ich zu einem festen Pflichtbewußtsein erzogen. Es wurde in meinem Elternhaus streng darauf geachtet, daß alle Aufträge genau und gewissenhaft ausgeführt wurden. Jedes hatte immer einen gewissen Pflichtenkreis. Mein Vater achtete besonders darauf, daß ich alle seine Anordnungen und Wünsche peinlichst befolgte."[52]

Ist es Zufall, daß in einer „streng katholischen" Familie der Gehorsam einen solch hohen Stellenwert hatte?

Um es zum wiederholten Male zu unterstreichen: Es geht nicht um die richtige Auslegung bestimmter biblischer Texte zum Thema „Gottesbilder in der Bibel". Es geht alleine darum, daß in der Geschichte des Abendlandes das Verständnismodell „göttlich sanktionierter Vaterwille – Ungehorsam – Strafe" zu katastrophalen Auswirkungen führte. Die Bibel ist keine „Selbstoffenbarung" Gottes, in der er die Menschen belehrt, daß er Gehorsam fordert und Ungehorsam bestraft. Sie zeigt uns vielmehr, daß Menschen *ihre Gottesvorstellung* nach dem Modell ihres eigenen Erzogenseins in der patriarchalen Familie gestalten. Dazu gehören auch Wunschbilder von einem gütigen Vater, den sie ersehnten.

Die Verwüstung des Gottesbildes und gleichzeitig des Vaterbildes – beide gehören ja engstens zusammen – besteht in der Verinnerlichung von Angst und Unterwürfigkeit als Modell der Lebensbewältigung.

Es ist erschreckend, mit welcher Selbstverständlichkeit in der Bibel, auch im Neuen Testament, die Strafandrohung als „Weg zum Heil(!)" praktiziert wird. Und das Mittel der Strafandrohung, um Gehorsam zu erzwingen, das wird bekanntlich in der Erziehung bis heute reichlich verwendet.

Wie schreibt Kafka?

„Das Schimpfen verstärktest du mit Drohen ... Schrecklich war mir zum Beispiel dieses:

‚Ich zerreiße dich wie einen Fisch‘, trotzdem ich ja wußte, daß dem nichts Schlimmeres nachfolgte (als kleines Kind wußte ich das allerdings nicht), aber es entsprach fast den Vorstellungen von Deiner Macht, daß Du auch das imstande gewesen wärest ..."[53]

Das Vorbild dazu findet sich im Bild des zornigen und Strafe androhenden Gottes.

Der Alttestamentler Raymund Schwager kommt nach einer Untersuchung über Aussagen von Jahwe als zornig und gewalttätig zu dem Ergebnis:

„An ungefähr tausend Stellen ist davon die Rede, daß der Zorn Jahwes entbrennt, daß er mit Tod und Untergang bestraft, wie ein fressendes Feuer Gericht hält, Rache nimmt und Vernichtung androht. Er manifestiert seine Macht und Herrlichkeit im Krieg, und als zorniger Richter hält er Gericht. Kein anderes Thema taucht so oft auf wie die Rede vom blutigen Wirken Gottes."[54]

Wir können hier aus Raumgründen nur sehr auszugsweise zitieren und müssen die Leser und Leserinnen auf die eigene Lektüre verweisen.[55]

Im Buch Leviticus, in dem die Vorschriften und Gesetze, die Jahwe am Berg Sinai gab, zusammengestellt sind, findet sich im Kapitel 26 eine lange Fluchliste, in der ständig gesteigerte Strafen für den Ungehorsam angekündigt werden. Nützt eine Strafe nichts, wird eine größere folgen:

> „Wenn ihr aber nicht auf mich hört, und *alle diese Gebote(!)* nicht erfüllt, … so will ich mit euch demgemäß verfahren: Schreckliche Heimsuchungen werde ich über euch kommen lassen. Schwindsucht und Fieber, welche die Augen zum Erlöschen bringen und das Leben dahinschwinden lassen … Wenn ihr mir auch dann nicht gehorcht, dann werde ich euch noch sieben mal härter für eure Sünden züchtigen … Und wenn ihr auch dann noch widerstrebt und mir nicht gehorchen wollt, dann werde ich euch um eurer Sünden willen noch siebenmal härter strafen. Ich werde wilde Tiere gegen euch loslassen, daß sie euch euerer Kinder berauben, euer Vieh zerreißen und eure Zahl vermindern, daß eure Straßen veröden …
>
> Wenn ihr auch dann noch nicht auf mich hört und mir immer noch widerstrebt, dann will ich euch im Grimm widerstreben und ich will euch siebenfach um eurer Sünden willen strafen. Ihr werdet Fleisch eurer Söhne essen und das Fleisch der Töchter verzehren…Ich selbst werde das Land verwüsten, so daß sogar eure Feinde, die sich darin niederlassen, sich darüber entsetzen …" (Lev 26, 14.16.18.21.22.27–29.32)

Eine ähnliche Fluchreihe findet sich im 28. Kapitel des Buches Deuteronomium:

> „Wenn du daher der Stimme Jahwes, deines Gottes, durch

gewissenhafte Beobachtung all seiner Gebote und Bestimmungen, die ich dir heute anbefehle, nicht gehorchst, so kommen all die nachfolgenden Flüche über dich und treffen dich:

Verflucht bist du in der Stadt und verflucht auf dem Felde.

Verflucht ist dein Brotkorb und deine Backschüssel.

Verflucht ist die Frucht deines Leibes und die Frucht des Bodens, der Wurf deiner Rinder und die Tracht der Schafe.

Verflucht bist du, wenn du kommst, und verflucht bist du, wenn du gehst ...

Jahwe hängt dir die Pest an, bis er dich gänzlich aus dem Lande ausgerottet hat ... Jahwe schlägt dich mit Schwindsucht und Fieber, Hitze und Entzündung, mit Trockenheit, Getreidebrand und Verdorrung; sie setzen dir zu, bis du zugrundegerichtet bist.

Jahwe schlägt dich mit ägyptischen Geschwüren, mit Pestbeulen, Krätze und Grind, von denen du keine Heilung finden kannst.

Jahwe schlägt dich mit Wahnsinn, Blindheit und Geistesverwirrung, und am hellen Mittag tastest du umher wie ein Blinder im Dunkeln tasten muß, und kannst deine Wege nicht zum guten Ende führen. Nur immerfort bedrückt und ausgebeutet bist du, ohne daß (dir) jemand hilft ...

Über dich kommen all die nachfolgenden Flüche, verfolgen und treffen dich, bis du vernichtet bist, weil du der Stimme Jahwes, deines Gottes, nicht gehorcht hast, nicht den Geboten und Bestimmungen, die er dir anbefahl, sie werden an dir und deinen Nachkommen für immer zu wunderbaren Zeichen und Taten:

Dafür, daß du Jahwe, deinem Gotte, vor lauter Überfluß nicht in Freuden und Herzenslust gedient hast, sollt du in Hunger und Durst, in Blöße und äußerster Entbehrung dem Feinde dienstbar sein, den Jahwe wider dich losschickt; ein eisernes Joch legt er auf deinen Nacken, bis er dich vernichtet hat ..." (vgl. die weitere lange Reihe von Flüchen in Deuteronomium 28, 49–68!) (Dtn 28, 15–19.21–22.27–29. 45–48)

Der Kommentar der Jerusalemer Bibel stellt zu diesem Text schlicht fest:

> „Mit der gleichen übernatürlichen Macht, mit der Jahwe gerettet hat, kann er auch zugrunde richten."[56]

Müßte man nicht eher fragen: Welche Erfahrungen hat jemand mit seinem Vater gemacht, der ein solches Gottesbild hat? Doch der Teufelskreis ist eben, daß das in Gott Projizierte dann wieder die irdische Praxis heiligt.

Noch einmal sei ausdrücklich betont: Die Bibel spiegelt einen jahrhundertelangen Prozeß des Suchens nach Gott, in dem sich Menschen unterschiedliche Vorstellungen von Gott machen.

Aber in der Frömmigkeitsgeschichte hat offenbar kein Bild so nachdrückliche Wirkungen entfaltet wie das des Gehorsam fordernden und Strafen androhenden Gottes. Das ist es, was zu denken gibt und die Frage laut werden läßt, weshalb das so ist. Die tieferen Gründe sind wohl, was noch zu zeigen sein wird, in den archetypischen Strukturen des Vaterbildes zu sehen, welches die Momente von Gesetz und Ordnung als wesentlich enthält. Dazu kommt die ebenfalls tief in der menschlichen Seele verankerte Überzeugung, daß Bestrafung zur Aufrechterhaltung von Frieden und Ordnung unbedingt notwendig ist: Durch die Strafe wird Sühne geleistet und so die Ordnung wiederhergestellt. Diesem Straf- und Sühnedenken sind auch die Menschen verhaftet, die sich als Volk Jahwes verstehen, und es ist nicht verwunderlich, daß sie es auch auf ihre Gottesbeziehung anwenden.

Im Christentum gehört ja bekanntlich dieses Denkmodell zu den wichtigsten zur Deutung des Kreuzestodes Jesu: Der göttliche Vater legt seinem Sohn die schreckliche Strafe auf, um die Schuld der Menschen zu sühnen.

So verständlich dieses Deutungsmodell aus der tiefverwurzelten Überzeugung ist, daß selbst Gott dem Gesetz von Sühne und Opfer unterworfen ist, so verheerend hat es sich dennoch ausgewirkt. Denn nicht irgendwelche klugen theologischen Erörterungen über die „Satisfaktionslehre" des Anselm von Canterbury und ihre Bedeutung im Rahmen der damaligen Rechtsauffassungen beeindrucken die Christen, sondern von Kindesbeinen an stand da ein Gott-Vater vor Augen, der seinen eigenen Sohn diesen gräßlichen, schmählichen Tod am Kreuz sterben läßt. Er, der „Allmächtige", läßt sich durch das Flehen seines Sohnes am Ölberg nicht beeindrucken, sondern fordert diesen Tod zu *seiner Genugtuung(!)*. Einzig deswegen muß der Sohn sterben.

Noch einmal: Heute lernt (hoffentlich!) jedes Kind, daß man so den Tod Jesu nicht interpretieren darf. Aber jahrhundertelang war es eben anders: Um den beleidigten Vater zu versöhnen, hatte Jesus auf diese schreckliche Weise zu sterben. Die „Gerechtigkeit Gottes" fordert diese Sühne, die eben nur der Sohn Gottes als Mensch leisten konnte.

Hier stehen wir endgültig vor der Verwüstung des Vater-Gott-Bildes, wie sie schlimmer nicht gedacht werden kann. Dagegen scheinen alle Aussagen des Alten Testaments harmlos, weil sie Jahwe doch nicht so sehr als Vater, denn als Richter seines Volkes im Blick haben.

Bei Jesu Todesdeutung aber geht es um eine ganz persönliche Vater-Sohn-Beziehung, die selbstverständlich viel stärker die entsprechenden Gefühle weckt und Gott als grausamen, erbarmungslosen Vater zeigt, dem seine „Ehre" wichtiger ist als sein eigener Sohn.

5. Belastendes Erbe

Das Vatersymbol wird zerstört, wenn die eindrücklichste Erfahrung mit dem Vater die der *Angst* ist: seine Gehorsamsforderung und Strafgewalt.

Nicht, daß auch anderes mit dem Vater erlebt wird: Momente der Zuwendung vielleicht, Schutz und Sicherheit, gemeinsames Lachen und Spielen, die Welt gezeigt bekommen ...

Aber all das bleibt gegenüber der überwältigenden, erdrückenden Vatermacht bei vielen Menschen am Rande des Erlebens, Lichtpunkte in einer sonst düsteren Landschaft.

Sicher, wir neigen dazu, die Kindheit zu verklären und darin auch die Eltern. Denn da kommen wir her, und der Anfang ist so wichtig. Aber die „schöne Kindheit" stellt sich meist als Fassade heraus, hinter der viel Schmerz und Wut verborgen ist. Und stets ist es der Vater, der als bedrückend-drohende oder als unsichtbar-sich entziehende Gestalt erlebt wurde.

Was für Väter werden aus den Jungen, die solche oder keine Väter hatten? Nach welchem Bild sollen sie ihr eigenes Selbstverständnis als Vater gestalten?

Eine umfangreiche „Männer-Literatur" zeigt das Defizit an: Die Vaterrolle ist zu einem großen Problem geworden, und die Klage der Frauen, daß die Männer nicht fähig und willens sind, Verantwortung für eine Familie zu übernehmen, tönt laut. Keine Frage, daß es den Männern an Vorbildern fehlt, daß sie nie lernen, sich als Mann zu akzeptieren, da sie in ihrer emotionalen Entwicklung stets auf Frauen und deren Zuwendung angewiesen waren. Das ist das häufig beschriebene Defizit, das man in Therapien und Selbsterfahrungsgruppen aufzuarbeiten sucht.[57] Aber die Suche nach der Identität als Vater wird darüber hinaus auch durch das christliche Erbe erschwert, das die Vaterrolle in eine fatale Zwiespältigkeit führte: Stellvertreter Gottes auf Erden zu sein, aber dies gleichzeitig als geschlechtsloser „Pflegevater".

Daß die väterliche Gewalt Abbild der Gottheit sei, ist kein spezifisch jüdisch-christlicher Gedanke, sondern prägte die griechische und römische Welt genauso. Die Religionsgeschichte zeigt also, daß die besprochene Projektion väterlicher Gewalt auf die Gottheit und „Heiligung" irdischer Vatergewalt durch Berufung auf Gott eine gewisse psychische Zwangsläufigkeit zu besitzen scheint.

In der griechischen Stoa finden wir den Gedanken ausgeführt, daß die Eltern „zweite Götter" seien, und schon Platon hatte die Eltern im Haus als „lebende Götterbilder" bezeichnet.

Im Bild des griechischen Zeus begegnet uns „das göttliche Urbild des Hausvaters".

Deutlicher als im jüdischen Denken wird in Zeus der Hausherr der griechischen Familie vergöttlicht. In ihn werden nicht nur die Macht des Hausvaters, sondern auch seine Launen projiziert.[58]

Der römische Jupiter wird in Vergils „Äneis" als „pater omnipotens" (allmächtiger Vater) vorgestellt (10. Buch), dem besonders auch das Strafamt zukommt. In der römischen Gottesvorstellung spielen ja Strafe und Götterzorn eine große Rolle, und sie prägten das private und öffentliche Leben. Die patria potestas (väterliche Gewalt) des römischen Vaters ist ja bekanntlich allumfassend. Er ist Hauspriester, hat die Strafgewalt, verfügt über Frauen, Kinder und Sklaven nach seinem Ermessen, bis hin zu dem jus vitae necisque, also das Recht einschließend, zu töten.

Christliche Autoren haben an den römischen Gottes- und Vaterbegriff angeknüpft und eine auf römischen Voraussetzungen aufbauende Vatergott-Konzeption entwickelt.

So sah Laktanz (4. Jh. n. Chr.) das christliche Gott-Mensch-Verhältnis durch die Faktoren göttliche Forderung-menschlicher Gehorsam bestimmt. Der römische pater familias wurde das

Muster für das christliche Gottesbild und jenes zum Vorbild des christlichen Vaters.

Laktanz wollte damit die biblische Gotteslehre verteidigen, in der es nach seiner Anschauung um Gottes Richter- und Strafgewalt gehe, um die Berechtigung seines Zornes, der schon damals einzelnen Theologen Schwierigkeiten machte. Vor allem ging es Laktanz aber darum, die Beziehung Gott-Mensch für den Christen primär als Verehrungs- und Gehorsamspflicht zu definieren: Der Mensch schuldet Gott als seinem Vater Gehorsam.

In rabbinischen Quellen des Spätjudentums werden im Anklang an die stoische Philosophie die Eltern mit Gott gleichgesetzt. Sie sind „Genossen Gottes bei der Zeugung". Gott nimmt die den Eltern erwiesene Ehrung (4. Gebot!) als die *ihm* geschenkte an und rächt das Unrecht gegen die Eltern als Frevel gegen sich.[59]

Das Neue Testament hat zur Vaterschaft ein gebrochenes Verhältnis.

Während in den Evangelien die Beziehung Jesu zu seinem himmlischen Vater im Mittelpunkt steht, finden sich in der Briefliteratur zwar Anweisungen zum rechten Verhalten in der Familie (sogenannte Haustafeln: Eph 5, 2 ff; Kol 3, 18 ff.); die Autoren berufen sich dabei aber nicht ausdrücklich auf die Elternschaft als Stellvertretung Gottes.

Deutlicher wird diese nahegelegt, wenn die göttliche und menschliche Pädagogik wie im Alten Testament parallelisiert wird. In Hebr 12, 5–11 heißt es:

„Habt ihr die Tröstung vergessen, die zu euch wie zu Söhnen redet: Mein Sohn, achte die Zucht des Herrn nicht gering, und verliere den Mut nicht, wenn du von ihm gestraft wirst. Denn wen der Herr liebhat, den züchtigt er; er schlägt jeden Sohn, den er annimmt. Zum Zuchtmittel dient es, was ihr zu ertragen habt; wie mit Söhnen verfährt Gott mit euch; denn wo wäre ein Sohn, den der Vater nicht züchtigt?

Wenn ihr aber ohne Erziehung seid, an der alle teilgehabt haben, so seid ihr ja unechte Kinder, aber keine Söhne. Und dann: Unsere leiblichen Väter sind unsere Erzieher gewesen, und wir haben Achtung vor ihnen gehabt; sollen wir uns da nicht viel mehr dem Vater der Geister unterwerfen und so das Leben erlangen? Denn jene erzogen uns für wenige Tage nach ihrem Gutdünken: er aber zum Besten, damit wir an seiner Heiligkeit Anteil gewinnen.

Jede Zucht erscheint zwar im Augenblick nicht als etwas Erfreuliches, sondern als etwas Betrübliches; nachher aber bringt sie friedvolle Frucht der Gerechtigkeit denen, die durch sie geschult sind."

Die Argumentation des Verfassers zielt auch hier in erster Linie auf die Deutung des Leidens als „väterliche Erziehung" Gottes, so daß die gängige Erfahrung der Züchtigung als Interpretationshilfe für Gottes Handeln herangezogen wird, weniger auf eine den Vätern von Gott verliehene Vollmacht.

Diese wurde vielmehr aus einer anderen Stelle herausgelesen, die sich im Epheserbrief findet:

„Deshalb beuge ich meine Knie vor dem Vater, von dem jede Vaterschaft im Himmel und auf Erden ihren Namen hat ."

(Eph 3, 14–15)

Diese Stelle wurde in der christlichen Unterweisung der Eltern und Kinder als biblische Legitimation für die Autorität der Eltern, besonders die des Vaters, herangezogen und begründete gegenüber den Kindern deren Gehorsamspflicht.

Wir sahen, daß die Wurzeln dieser Auffassung eher griechisch-römisch sind und nicht eigentlich christlich. Aber die Kirche übernahm die patriarchalen Familienstrukturen der antiken Welt und sah es nicht für notwendig an, sie im Lichte der Botschaft Jesu zu überdenken.

In dieser Tradition stehend formuliert noch das Lexikon für Theologie und Kirche im dritten Band (1959) unter dem Stichwort „Eltern":

„Die Fruchtbarkeit ihres Einswerdens läßt sie teilnehmen an der Vaterschaft Gottes, ‚nach dem alle Vaterschaft im Himmel und auf Erden ihren Namen hat.' (Eph 3,15). In liebender Einheit in allem, was die Kinder betrifft, sind die E. *Abbild Gottes*, der uns Vater und Mutter in einem ist." (Sp. 832)

Der Artikel stammt aus der Feder eines führenden katholischen Moraltheologen, Bernhard Häring, und gibt die kirchlich gültige Auffassung wieder.

Die Verpflichtung zur Vaterschaft als Stellvertreterschaft Gottes wurde den Männern im Rahmen der Unterweisung zum Ehesakrament vermittelt, das ja als Abbild der Liebe Christi zu seiner Braut Kirche gedeutet wird.

Nachdrücklicher geschah diese Indoktrination aber im Katechismusunterricht, also im Rahmen der christlichen Zwangserziehung, der niemand entgehen konnte.

Dort heißt es unter der Frage: „Warum sollen die Kinder ihren Eltern Ehrfurcht, Liebe und Gehorsam erweisen?":

1. Weil die Eltern bei den Kindern Gottes Stelle vertreten.[60] Allerdings sind nicht nur die Eltern nach dieser Unterweisung Stellvertreter Gottes, sondern auch die „geistige und weltliche Obrigkeit"[61].

Der sogenannte „Grüne Katechismus", der bis Anfang der siebziger Jahre gültig war, formuliert:

„Die Eltern sind Stellvertreter Gottes und haben uns unzählige Wohltaten erwiesen, sie sind von ihm beauftragt, uns den Weg zum Himmel zu zeigen. Darum müssen wir den Eltern Ehrfurcht, Liebe und Gehorsam erweisen und ihnen von Herzen dankbar sein."[62]

Auch in Luthers Großem Katechismus von 1529, der für die protestantische religiöse Erziehung maßgebend wurde, findet sich der lapidare Satz:

„Gott hat diesen Stand der Eltern obenan gesetzt, ja zu seiner Stellvertreterschaft auf Erden bestimmt."[63]

Luther begnügte sich damit allerdings nicht, sondern legte den Eltern, besonders dem Vater, die Erziehung der Kinder zum Gehorsam als wichtigste von Gott aufgegebene Pflicht ans Herz und drohte mit Höllenstrafen, wenn sie diese Aufgabe vernachlässigten. Dabei beruft er sich auf das Alte Testament und zitiert ausführlich die entsprechenden – uns inzwischen bekannten – Stellen.

„Damit setzte er jenen Mechanismus in Gang, der bewirkte, daß *Erziehung zum Gehorsam und Unterordnung von einer Generation zur anderen weitergegeben wurde*, und zwar mit Druck und Drohungen, Versprechungen und Strafen und nicht zuletzt, mit Hilfe des durch das Alte Testament gesegneten Knüppels"

urteilt C.-H. Mallet.[64]

Den Vätern war also die „Wahrheit", daß sie Stellvertreter Gottes zu sein haben, schon von Kindesbeinen an vertraut und bedurfte keiner Rechtfertigung mehr. Wollten sie ihre Erziehungsaufgabe als christliche Eltern ernst nehmen, dann hatten sie diese göttliche Legitimation ihres Amtes zu akzeptieren und in die Tat umzusetzen. Durch das Sakrament der Ehe, so werden die Eltern belehrt, nehmen sie zudem an der Autorität der Kirche teil, die ja die ihre auf Gott zurückführt.[65]

Wir müssen also davon ausgehen, daß die Begründung der Vaterschaft in der Stellvertretung Gottes weniger eine ge- und bewußte war als vielmehr zum selbstverständlichen „Glaubensgut" gehörte, das im kirchlichen Unterricht vermittelt wurde. Aber selbst letzteres muß gar nicht unbedingt in der Weise vorausgesetzt werden, daß der Katechismus tief verinnerlicht wurde. Es reicht, sich klarzumachen, daß die Söhne ihre Väter in traditionell „religiösen" Familien so erlebten: als allmächtige Götter, denen nicht widersprochen werden darf. Es bedarf keiner ausführlichen Begründung, um zu verstehen, daß die Repräsentation Gott-Vaters im irdischen Vater als seinem Stellvertreter dazu führte, daß auch Gott als Vater nicht mehr anders denn als autoritärer Patriarch vorgestellt wurde. VATER als Symbol war dadurch schlichtweg unmöglich gemacht; denn die gefühlsmäßigen Assoziationen waren durch das Erleben des Vaters bestimmt, dem gerade die religiös geprägte Erziehungslehre den Stock in die Hand gab, um die Sünde des Ungehorsams auszutreiben.[66]

Der Abschied von diesem Selbstverständnis der Vaterschaft, der sich in der Mitte dieses Jahrhunderts vollzog, ist noch nicht untersucht und beschrieben worden. Es spricht allerdings viel dafür, daß es in Deutschland zumindest in den Jahren der nationalsozialistischen Gewaltherrschaft und des furchtbaren Zweiten Weltkriegs zerbrach.

Ein neues Selbstverständnis als Vater läßt sich an die traditionelle Auffassung von der Stellvertreterschaft Gottes sicher nicht anbinden, zumal dieses ja in einem geradezu schizophrenen Verhältnis zu einem weiteren Ideal christlicher Vaterschaft stand, der Forderung, dem Vorbild des heiligen Josef als „Nähr- und Pflegevater" zu entsprechen.

Der kastrierte Vater

Die Schizophrenie, welche christliches Denken und Fühlen von den Anfängen her durchzieht[67], erfaßte auch das Vaterbild: Die Trennung von geistlich und weltlich, die Entgegensetzung von Gott und Welt, insbesondere die Abwertung des Leiblich-Sinnenhaften gegenüber Verstand und Willen haben auch das christliche Vaterbild zerrissen.

Das Vaterideal, das den Vätern im Christentum vor Augen gestellt wurde, war der heilige Josef als „Nähr- und Pflegevater". Für diese Aufgabe wurde der Familienvater mit göttlicher Autorität ausgestattet, der sich das Kind zu beugen hatte. Als wichtigster Beleg für diese Struktur der „heiligen Familie" wurde Lukas 2,51 angesehen:

> „Und er (Jesus) ging mit ihnen hinab und war ihnen untertan."

Der hier zitierte Vers schließt allerdings einen Text ab, der den irdischen Vater gegenüber dem himmlischen deutlich abwertet: die bekannte Erzählung von der Suche der Eltern nach dem zwölfjährigen Jesus (Lk 2,41–52). Aber diese Tatsache blieb fortan ohne Wirkung, was die fraglose Autorität des Vaters als Familienoberhaupt betraf, so daß nahtlos an die jüdisch-alttestamentliche Tradition angeknüpft werden konnte.

Die Abwertung des Vaters geschah nicht durch die weiter unten noch zu besprechende Entmachtung des Vaters als Patriarch durch Jesus, sondern durch die Abwertung der Sexualität und durch das Ideal der Ehelosigkeit als eigentliche christliche Lebensform.

Die Legende, welche bekanntlich das für die Volksfrömmigkeit Wesentliche zum Ausdruck bringt, läßt deshalb Josefs Braut Maria bereits vor ihrer Verlobung im Tempel Jungfräulichkeit geloben.

Zu ihr kann nur ein Mann passen, der einer solchen reinen Jungfrau würdig ist. Die Heiligenbeschreibung unterstreicht deshalb, „daß Joseph ein reiner, tugendhafter und heiliger Mann war", und das alles weiß der Biograph in der Bezeichnung des biblischen Josef als „gerecht"(Matth 1,9) enthalten. Josef als „einfacher und bescheidener Handwerker", aber von „höchstem inneren Adel", fromm und Gott gehorsam. Vor allem aber ein vorbildlicher Ehemann und Vater:

> „... mit großer Ehrfurcht und Liebe führt er Maria als seine Ehefrau in sein Haus und wird ihr Beschützer und der Nährvater des Erlösers."[68]

Generationen von christlichen Vätern haben, um dem Ideal zu entsprechen, ihr Frauenbild aufgespalten und die Ehefrau wie die Jungfrau Maria „mit großer Ehrfurcht und Liebe" behandelt, während andere Frauen zu Huren gemacht wurden; das heißt, daß die unterdrückte sexuelle Lust auf sie projiziert wurde.

„Wir verstehen uns wunderbar", berichtet ein Mann, der we-

gen Potenzstörungen therapeutischen Rat sucht, und meint dabei seine Frau und sich in einer nunmehr fast zwanzigjährigen Ehe.

„Nur im Bett …". Der Klient blickt nach unten und spielt verlegen mit seinen Fingern. Er könne einfach nicht bei ihr, oder nur, wenn sie beide einige Gläschen getrunken hätten. Dann sei sie aber auch irgendwie anders, nicht so „unnahbar", so daß „ich das Gefühl habe, sie zu kränken, wenn ich was von ihr will".

Freunde hätten ihm schon geraten, „doch mal einen richtigen Sexfilm anzuschauen". Vielleicht helfe das. Aber er habe das nur entrüstet zurückgewiesen: Solchen Schweinekram, wo die „Weiber" sich so mir nichts dir nichts ausziehen, schaue er doch nicht an.

Wo es der gesellschaftliche Druck und/oder die verinnerlichte Moral verbot, die „schmutzige Sexualität" bei Prostituierten abzureagieren, verschaffte diese sich ein legitimes Ventil zum Beispiel auch unter dem Deckmantel der „strengen Erziehung": Die sexuelle Erregung bei der Züchtigung der Kinder ersetzte, was die fromme Gattin nicht zuließ, nämlich sexuelle Lust ohne Kinderwunsch.

Nur in Verbindung mit diesem war dem christlichen Ehemann ja Geschlechtsverkehr gestattet, wurde dieser als „nicht sündhaft" geduldet und zugleich als „eheliche Pflicht" gefordert. Denn woher sollten die neuen Glieder der Kirche sonst kommen?

Das Ideal der Enthaltsamkeit, wie es Josef in der „heiligen Familie" angeblich vorgelebt hatte, durfte und mußte zeitweilig zugunsten von Kindern aufgegeben werden, die in einer christlichen Ehe in großer Zahl erwartet wurden.

War die Vaterschaft vor allem geprägt durch die Versorgung der Familie (Nähr-und Pflegevater), so kam also die Zeugung von Kindern als weitere Aufgabe dazu, da in diesem Punkt die „normale" christliche Familie vom Vorbild der heiligen abwich. Das war notgedrungen so und mußte sozusagen in Kauf genommen werden.

Blieb einem Ehepaar der Kindersegen versagt, dann blieb ihre Verbindung dennoch als Sakrament bestehen. Nur hatten die beiden nun wie Maria und Josef enthaltsam zu leben („Josefsehe"), da die Legitimation für den Geschlechtsverkehr ja hinfällig war.

Die Autorität der verheirateten Väter blieb streng auf die Familie beschränkt und war durch die sexuelle Verbindung mit einer Frau in gewisser Weise gebrochen.

Besonders der Aspekt, der die geistige und moralische Führung der Unmündigen beinhaltet, wurde schon sehr früh den Familienvätern entzogen und unverheirateten, das Ideal der Ehelosigkeit lebenden Männern übertragen. Die *eigentliche* väterliche Autorität ging auf die „geistlichen Väter" über: die Mönchsväter(Patres), die Kirchenväter und die Beichtväter. Die ideale christliche Familie war der Konvent eines Klosters mit dem Abt (von „Abba"= Vater) an der Spitze, und die ganze Macht der geistlichen Väter war seit dem Mittelalter im Papst („Papa"!), dem „Heiligen Vater"(!), konzentriert.

Dadurch aber wurde dem Vater in der Familie seine eigentliche Kompetenz, zu führen und zu leiten, geraubt. Seine „Erziehungsaufgabe" bestand darin, das weiterzusagen und durchzusetzen, worin er selbst von den eigentlichen Vätern in entsprechenden „Standespredigten" unterwiesen worden war. Er hatte selbst nichts Wesentliches zu sagen, brauchte sich auch gar keine eigenen Gedanken zu machen. Das wurde nicht nur nicht von ihm erwartet, sondern sogar verboten. Wie christliche Ehe zu leben ist, wie Kinder zu belehren und zu erziehen sind, das wurde ihm vorgeschrieben.

Ein guter Familienvater war also jemand, der den geistlichen Vätern, welche die Kirche für solche erklärte, gehorsam war und auch von seinen eigenen Kindern in erster Linie dies verlangte: Gehorsam.

In dieser Rolle allerdings, das an die Kinder weiterzugeben, was als christlicher Glaube und Moral vorgeschrieben wurde, waren die Familienväter für die kirchliche Macht unentbehrlich. Die Familie wurde zur „Kirche im Kleinen" erklärt, da man sehr wohl wußte, daß frühe Prägungen die beste Voraussetzung für die Eingliederung in ein soziales System darstellen.

In Wirklichkeit waren die Väter in zweifacher Weise kastriert: einmal als Männer, die ihr Mannsein ganzheitlich auch mit ihrer Sexualität leben wollen; sodann aber auch geistig, da ihre Autorität lediglich eine abgeleitete war, die keinerlei eigene schöpferische Potenz zuließ. Zugleich wurde der Restbestand von Vaterschaft, die Erziehung der Kinder zu striktem Gehorsam gegenüber kirchlichen und weltlichen „Autoritäten", mit dem Hinweis, daß die Eltern als „Stellvertreter Gottes" handelten, religiös untermauert und so die Durchsetzung kirchlicher Erziehungsprinzipien sichergestellt.

Inzwischen ist wohl deutlich geworden, daß es in Wirklichkeit nicht um Stellvertreterschaft Gottes, sondern der kirchlichen Amtsträger ging, welche die Väter brauchten, um schon an die ganz kleinen Kinder heranzukommen.

Damit soll nicht gesagt sein, daß sich Vaterschaft in der Vergangenheit darauf beschränkte, solche Handlangerdienste zu leisten. Gott sei Dank klaffte wohl in der Realität oft genug eine Lücke zwischen dieser Ideologie und dem konkreten Verhalten der Väter, so daß man hoffen darf, daß auch in der Vergangenheit immer schon auch christliche Familienväter „unchristlich" waren und die Liebe zu ihren Kindern an die erste Stelle setzten, nicht den Gehorsam. Das mindert allerdings nicht die Tragik, daß es offenbar allzu viele waren, deren „Erziehung" sich in der Forderung nach Unterordnung und Gehorsam erschöpfte.

Wie sollen Männer heute Vaterschaft ehrlich leben?

Von den Belastungen her, die dem Vater von der christlichen Schizophrenie her aufgeladen sind, geht es wohl um zwei Aufgaben, die der Mann hier lösen muß:

Er wird die Identifikation mit Gott-Vater aufgeben müssen, und er muß wagen, im Vollsinn Mann zu sein.

Idealisierungen haben eine starke Macht, helfen sie uns doch ein Stück weit, um uns nicht mit unserer Ohnmacht und unseren Schwächen auseinandersetzen zu müssen. Weniger hilfreich sind sie jedoch, um die realen Probleme zu lösen.

Mit Recht stellte Joachim Bodamer bereits vor fast zwanzig Jahren fest, daß unter den Formen des Vaterseins in der heutigen Gesellschaft diejenige am meisten verbreitet ist, welche die Form „einer vollkommenen Nichtautorität, eines Desinteresses, einer tiefen Unsicherheit in allen wirklichen Erziehungsfragen, sofern Erziehung Wesensbildung bedeutet," hat, so daß „Vatersein in unserer Zeit eine biologische, familiäre Funktion geworden ist, aber keine geistig-religiöse Aufgabe mehr darstellt …"[69]

Aber ist die Ursache für dieses Versagen wirklich darin zu suchen, daß der moderne Mann „kein Vater mehr ist, weil er über sich keinen Vater mehr anerkennt"?[70] Wird hier nicht schlichtweg übergangen, daß dieser Übervater eben kein Symbol für Gott mehr ist, weil dieser Vater durch die Geschichte christlicher Theologie und Praxis als unberechenbar grausamer Despot vor Augen gestellt wurde, der aus Liebe (!) seinen eigenen Sohn schlachten ließ?

Denn es kann schwer bezweifelt werden, daß es jene „Ambivalenz von höchster Liebesbezeigung und tiefster Brutalität zwischen Vater und Sohn" ist, die im „Zentrum der christlichen Tradition steht" und Generationen von Christen geprägt hat.[71]

Wahrscheinlich können wir gar nicht überschätzen, wie verheerend diese Vater-Sohn-Beziehung, die das christliche Sühneopferdenken beinhaltet, die Seelen verwüstet und einen sinnvollen Bezug des Mannes als Vater zu Gott hin unmöglich machte.

Hier verschleiert eine Theologisierung der Väterlichkeit im Sinne der platonischen Bild-Abbild-Ideologie mehr, als daß sie weiterhilft, so wenn Bodamer schreibt:

> „Die Gestalt des irdischen Vaters gibt es nur deshalb, weil der Vater aller Dinge, der uranfängliche Vater, ihn, den irdischen, dazu ‚delegiert‘ hat, ihn beauftragte gemäß der Ebenbildlichkeit. Seitdem der Mann von heute selbst ‚vaterlos‘ geworden ist, hat er keine höhere Legitimation mehr, ist sich selbst überlassen, hat keinen Spiegel mehr, der ihm sein Bild zurückwirft und ihn korrigiert. Er ist nicht mehr Gleichnis des Urväterlichen, nicht mehr beauftragter Urheber, und deshalb eine zweideutige Gestalt geworden, sich selbst unverständlich ...“[72]

So geht es sicher nicht mehr. Dazu ist der Gedanke der Stellvertretung zu sehr mißbraucht worden, um patriarchales Machtgehabe zu rechtfertigen.

Sturmius Wittschier hat recht, wenn er schreibt, daß der Auszug aus dem Patriarchat nur gelingt, wenn der Gott-und-Vater-Komplex gelöst wird. Und er ergänzt, was Bodamer nicht sieht:

> „Das Problem besteht heute darin, daß wir die „göttliche“ Dimension nicht mehr bewußt wahrnehmen, sondern uns auf die familiäre und gesellschaftliche Vaterrolle konzentrieren. In der Seele, der kollektiven wie individuellen, aber ist die Verbindung von Gott und Vater noch so lebendig, daß ein heilsamer Auszug aus dem Patriarchat nur gelingt, wenn wir den Doppelknoten wahrnehmen.“[73]

Diese unbewußte, weil verdrängte „Gottgleichheit“ begründet freilich keine echte Autorität, sondern Allmachtsansprüche, die sich aber eben auf indirekte, versteckte Weise zeigen, wie etwa „in unverständlichen Aggressionen, wenn der Mann nicht die Ehrerbietung oder die volle Ausrichtung der Frau auf sein Leben erfährt. Er ist in seiner Gottähnlichkeit tief verletzt, ohne sich dessen bewußt zu sein, und reagiert mit dem ‚Zorn‘, den sich die mißachteten Götter erlauben dürfen.“[74] Widerspruch der Kinder wird von vornherein als Majestätsbeleidigung empfunden.

Noch stärker wird aber heute das Vorbild des heiligen Josef als Familienvater in Frage gestellt, so daß auf der bewußten Ebene dieser Mann eher belächelt oder gar verspottet wird.

Und dennoch wirkt auch hier gelegentlich noch das christliche Erbe weiter: als „schlechtes Gewissen“, nicht gut genug als Nähr- und Pflegevater zu sein und die Gattin nicht ehrfürchtig, sondern zu sehr mit begehrendem Blick anzuschauen.

Daß dies unbewußt geschieht, kann sich die heutige TV-Werbung gut zunutze machen. Hier wird der gutmütig sorgende Papa gezeigt, der, selbst gut genährt, das Allerbeste für Nahrung, Pflege der Lieben tut. Er blickt die ebenso treu sorgende Gattin nicht begehrend, sondern verehrend-lächelnd an.

Versteckte Allmachtsansprüche einerseits, und das angestrengte Bemühen, die Qualität des demütig dienenden Vaters der „heiligen Familie“ zu erlangen, andererseits, kann Vaterschaft und die ihr entsprechende Autorität nicht sinnvoll begründen. Zu widersprüchlich sind diese Vorgaben der christlichen Tradition, so daß der heutige Mann entschieden auf sie wird verzichten müssen.

Die zweite zu leistende Aufgabe, sich selbst als Mann zu bejahen und als solcher Vaterschaft leben zu wollen, verweist auf den nun schon öfter angesprochenen Notstand: daß Männer wirklich erst einmal zu sich selbst finden müssen.

Herr L. leidet unter Depressionen und Selbsttötungsphantasien.

Er hat Beruf und Familie und wird bei Arbeitskollegen, Kun-

den und nicht zuletzt seiner Frau wegen seiner großen Hilfs-
bereitschaft und Gutmütigkeit wegen sehr geschätzt.

Er sagt, dies sei alles Maske, die aufrechtzuerhalten ihn viel
Kraft koste. Immer wieder falle er in tiefe Löcher der Leere,
indem ihm alles sinnlos erscheine, obwohl er doch alle Hän-
de voll zu tun habe und eigentlich nicht wisse, was er zuerst
machen solle.

Er liebe Frau und Kinder und habe meist ein schlechtes Ge-
wissen, weil er zu wenig Zeit habe. Aber wenn er – zum Bei-
spiel im Urlaub – mit den Kindern spiele, tue er dies ohne
Freude, lustlos wie eine reine Pflichtübung.

Das, was dieser Klient schildert, ist Therapeuten aus Gesprä-
chen mit Männern vertraut: Sie flüchten sich aus Angst vor sich
selbst in Aktivitäten und glauben, wenn sie dieses oder jenes
getan hätten, ginge es ihnen besser, fühlten sie sich ausgegli-
chener und zufriedener. Die Aufgaben in der Familie werden
aus „christlichem" Pflichtbewußtsein heraus bejaht, aber sie
scheinen geradezu außerhalb der eigenen Person zu stehen
wie alles, was solche Männer tun.

Sie können einfach nicht bei sich sein, sich bei sich wohl fühlen, mit sich alleine sein.

Die „christliche Erziehung" und die hohen moralischen Vorgaben der Eltern nützten ihnen dabei gar nichts. Irgendwie
kommen sie sich dauernd als Versager vor, als Mann, als Ehe-
partner und als Vater.

Alle Autoren, die sich mit dem Thema befassen, betonen, daß
eine der entscheidenden Voraussetzungen dafür, sich selbst zu
finden, die Auseinandersetzung und die Versöhnung mit dem
eigenen Vater ist. Wie ein Steppenbrand hat sich ja über Generationen hinweg die Unfähigkeit, Vater zu sein, fortgepflanzt,
weil die Väter von ihren eigenen Defiziten her unfähig waren,
ihren Söhnen die Liebe zu geben, die sie gebraucht hätten, um
sich selbst als Mann bejahen zu können. Das braucht an dieser Stelle nicht erneut ausgebreitet und benannt zu werden.

Von dem unseligen christlichen Erbe her ist dem Manne aufgegeben, die Aufspaltung der Frau in Madonna und Hure zu beenden und damit die eigene Sexualität ganzheitlich zu bejahen. Nicht der Mann als geschlechtsloses Wesen kann der ideale Vater sein, sondern derjenige, der seine Sexualität als unverzichtbaren Ausdruck seines vollen Menschseins bejaht und in verantwortlicher Weise in Beziehungen lebt. Dazu gehört auch, die homoerotische Komponente zwischen Vater und Sohn wahrzunehmen und sie nicht zu verdrängen, so daß sie sich in sexuell getönten „Erziehungsmaßnahmen" Raum schaffen muß, oder – schlimmer noch – in sadistischer Brutalität, wie sie den Vätern im christlichen Raum seit jeher im nackten, gepeitschten und gekreuzigten Sohn Jesus vor Augen geführt wird, – zugleich durchs Lendentuch abgewehrt, verleugnet, verdrängt.[75]

Autorität, auch väterliche, kann heute nicht mehr aus irgendeiner Ideologie, auch keiner christlichen, abgeleitet werden. Sie muß Wirkung einer Selbstbejahung sein, die sich öffnet auf das Leben derer hin, die mit mir sind, bereit, wo es in meinen Möglichkeiten steht, das Leben zu fördern und zu mehren (wie es das Wort „auctoritas" ursprünglich meint). Heranwachsendes Leben bedarf dieser Förderung zweifellos am meisten. Ihm mich zur Verfügung zu stellen ohne Bitterkeit angesichts der eigenen Grenzen, das ist väterliche Autorität.

3. Hinwege zum VATER-Symbol

Lohnt die Mühe, „Vater" als Symbol wiederzugewinnen? Sind die Altlasten der Vergangenheit nicht zu hoch? Ja mehr noch: Ist ein Sprechen von Gott, das auf eine mögliche Erfahrung des Göttlichen zielt, nicht geradezu darauf verwiesen, Gott nicht mehr mit „Vater" in Beziehung zu setzen?

Der Jesuit Rupert Lay sieht als entscheidende Aufgabe religiöser Bildung, „dafür zu sorgen, daß das Gotteskonstrukt sich vom Vaterkonstrukt emanzipiert". Er relativiert im folgenden Satz allerdings seine Forderung, wenn er ergänzt:

> „Das Gotteskonstrukt sollte seine Merkmale aus Erfahrungen aller Erlebnisbereiche beziehen und nicht vorwiegend von dem Erlebnis des Vaters."[76]

Ähnlich urteilt S. Wittschier, wenn er schreibt:

> „So ist auch der Vater als Bild für das Göttlich-Unbedingte nicht in sich schlecht. Nur ist dieses Bild in der Geschichte der christlichen Religion in einem dreifachen Sinn eingeengt worden: Erstens gilt es als vorherrschendes Gottesbild, dem anderes Bildmaterial untergeordnet wurde. Zweitens wurde es mit dem Bild der Macht des Herrschens und Unterdrückens gekoppelt. Drittens wurde es mit der Wirklichkeit verwechselt und der Vater mit „Gott über Gott" weitgehend identifiziert. Dieser Vorgang führte zum Gott-und-Vater-Komplex."[77]

Daß der Vater nicht ohne weiteres als Gottessymbol dienen kann – mag die Benennung Gottes als „Vater" noch so tief in der christlichen Tradition verwurzelt sein –, zeigen unzählige Gespräche und Briefe von Menschen, die von ihrer Not sprechen, Gott verloren zu haben.

Auf der anderen Seite bleibt der Vater für manche Menschen

noch immer eine wichtige Brücke zu einer Gotteserfahrung, wie folgender Brief zeigt, der vom Juli 1995 datiert:

> *„Gestern erlebte ich erstmalig in meinem Leben an einem Menschen, was es bedeutet, DEM VATER im Vater zu begegnen.*
>
> *Im Gespräch mit einer Frau, die über mir wohnt, einer lebensbejahenden 71jährigen, sagte sie, ihr Vater, den sie sehr geliebt hatte, und der HERRGOTT seien für sie eins, das merke sie im Gebet. Und hier spürte ich plötzlich große Freude im Raum.“*

Solche Erfahrungen dürfen nicht einfach psychologisch analysiert und als fromme Einbildungen abgetan werden. Sie fordern vielmehr heraus, Vatererfahrung und Symbolbildung in ihrem Zusammenhang neu zu bedenken und so das VATER-Symbol für Gott auch Menschen zugänglich zu machen, die keinen Vater hatten, der sie sehr geliebt hat.

Auf der anderen Seite ist zu verhindern, daß eine Identifikation Gottes mit dem liebenden Vater (der „liebe Gott“) den Zugang zum VATER als Gottessymbol in anderer Weise versperrt. Dies geschieht, wenn dabei Erfahrungen ausgeschlossen bleiben, die unserem alltäglichen Verständnis von „lieb“ geradezu widersprechen.

Eine Neubesinnung auf „Vater“ als Symbol für Gott ist für Menschen wichtig, die auf das *christliche* Gottesbild – vor allem das der Evangelien – nicht verzichten wollen. Sie mag aber darüber hinaus auch ein Beitrag sein, Vaterschaft zu verstehen und das eigene Selbstverständnis als Vater zu klären. Dafür müssen wir uns allerdings zunächst darauf besinnen, daß erlebte und gelebte Vaterschaft genährt wird von den Bildern, die der „Archetyp“ des Vaters in der Seele des Menschen hervorbringt.

Erst wenn wir danach gefragt haben, kann die Theologie zu Wort kommen, um Jesu Sprechen von Gott als Vater in den Blick zu nehmen. Denn seine Gotteserfahrung ist die Wurzel für die christliche Bevorzugung des Vaternamens für Gott. Ein Zugang zum Gottessymbol VATER kann im christlichen Sinn nur von dieser Jesuserfahrung her sinnvoll erschlossen werden.

1. Der Vaterarchetyp

Von jeher scheint das Erleben des Vaters von einer grundsätzlichen Ambivalenz geprägt zu sein: Auf der einen Seite wird der Vater als mächtig erfahren, als jemand, der mit seinem Willen lenkt und regiert. Furcht, ja Schrecken, sind die Reaktionen auf diese Vatermacht, die zumeist die Strafgewalt einschließt, die über Tod und Leben entscheidet.

Auf der anderen Seite werden vom Vater Schutz und Fürsorge erwartet, auch Gnade und Barmherzigkeit. Väterliche Sorge gibt Sicherheit und seine Weisheit führt auf rechte Wege. Er verkörpert Gesetz und Ordnung, ohne die alles im Chaos versänke. Die angemessene Antwort darauf ist Gehorsam und Vertrauen, ja Liebe.

Daß Väterlichkeit, väterliche Autorität in dieser Weise das Bild des Vaters kennzeichnet, das in der menschlichen Seele eingeprägt ist, zeigen die menschheitlichen Überlieferungen in den Religionen, Mythen, Märchen und Träumen. Unabhängig von der Deutung dieser Tatsache zeugt sie von einer bestimmten kollektiven Erfahrung des Vaters über weite Strecken der menschlichen Kulturgeschichte. Die jahrhundertelangen Erfahrungen des Patriarchats haben sich ganz offensichtlich in die menschliche Seele eingegraben, so daß sie noch vor jedem individuellen Erleben des Vaters liegen und diese vielmehr mitprägen. Jedes Vaterideal, das kindliche Phantasie – oft in Ermangelung einer realen Vatererfahrung – zeichnet, beinhaltet die Vorstellung vom (all)wissenden Lehrer und schützenden Ernährer, dem mit Ehrfurcht und Zuneigung begegnet wird.

Wir dürfen annehmen, daß dem Mann als Vater seit Menschengedenken die Aufgaben der Daseinssicherung übertragen wurden und sich seine Autorität von daher begründete. Zugleich wurde das Seelenbild in die Gestalten der Götter projiziert und von ihnen her die Vaterautorität religiös untermauert.

Die Manifestation des Vaters in den Religionen

Es mag dahingestellt bleiben, ob und in welchem Umfang die Religionen anfänglich matriarchalisch strukturiert waren, die Muttergottheiten also im Mittelpunkt der Kulte standen. Bemerkenswert ist auf jeden Fall die Tendenz aller Religionen, eine höchste Gottheit auszubilden und sie „Vater" zu nennen.[78] Diese Götter sind in erster Linie machtvolle Himmelsgottheiten. Sie sind gleichzeitig Schöpfergottheiten und bürgen für die Fruchtbarkeit durch den Regen. Der Blitz ist Zeichen ihrer Macht. Der Himmel als ihr „Wohnsitz" ist bereits Ausdruck von Macht: Er ist hoch, im Gegensatz zum winzigen Menschen, so wie das Kind zum großen Erwachsenen aufschaut. Der Himmel verkörpert das Absolute und Ewige. Er ist für den Menschen unerreichbar. Auch hier finden wir frühkindliches Erleben jedes Vaters gut ausgedrückt.

Himmelgottheiten waren immer Obergottheiten. „Was man die Geschichte der Himmelsgottheiten nennen könnte", stellt Eliade fest, „ist zum großen Teil die Geschichte der Anschauungen von ‚Macht', der ‚Schöpfung', dem ‚Gesetz' und der ‚Souveränität'".[79] Genau diese Stichworte werden auch zu „Vater" assoziiert, begründen seine Autorität.

Interessanterweise wurde dieser Machtaspekt schon früh als so beängstigend empfunden, daß er verdrängt wurde. In religiöser Sprache überläßt der Himmelsgott dann unteren Göttern die Menschheit, zieht sich zurück. Gelegentlich gehen seine Funktionen an die Ahnen über, die dann gefürchtet werden.

In der indischen Philosophie wird die Weisheit der Himmels-
gottheit in abstrakte göttliche Figuren oder personifizierte Be-
griffe umgewandelt, die zur Erklärung des Universums dienen.
In den polytheistischen Religionen werden die Himmelsgötter
unumschränkte Herrscher. Sie heißen „Meister", „Häuptling",
„Herr", „der sehr Große", oft „Vater". [80]
Im griechischen Götterhimmel ist Zeus der *Vater* schlechthin.
Er ist der "Archetyp des patriarchalen Familienoberhaupts"
(Eliade):

> „Als der Donnerer Zeus die Unsterblichen rief zur Versamm-
> lung auf den obersten Gipfel des vielgezackten Olympos,
> selbst nun begann er den Rat, und die Himmlischen horch-
> ten ihm alle: …
>
> Vernehmt, wie weit ich der mächtigste sei vor den Göttern!
> Auf wohlan, ihr Götter, versucht's, daß ihr alles erkennt:
> Eine goldene Kette befestigend oben am Himmel, hängt
> dann all ihr Götter euch an und ihr Göttinnen alle: dennoch
> zöget ihr nie vom Himmel herab auf den Boden den Ord-
> ner der Welt,
>
> wie sehr ihr rängt in der Arbeit! …
>
> So weit rag ich vor Göttern an Macht, so weit vor den Men-
> schen!"[81]

In wirklich klassischer Weise ist in diesen Versen Homers der
Aspekt des Vaters als absolutem Despoten beschrieben.
Der zweite Aspekt ist der des großen Gatten, des Zeugers und
Schöpfers, den vor allem Sturm- und Regengottheiten verkör-
pern. Hier drückt sich die Erfahrung aus, daß der Vater sich
selbst geben kann, wenn es seine Aufgabe, Schützer des Le-
bens zu sein, erfordert.
Entstehung der Welt, Sünde und Schuld, Recht und Ordnung,
Strafe, Macht: So stellt sich in den Mythen der Vateraspekt des
Göttlichen dar. In der Vater-Gottheit findet die menschliche
Angst vor dem Verschlungenwerden durch das Chaos (innen
und außen) eine Antwort.

Sucht man in der Literatur über mythische und legendäre Überlieferungen nach Arbeiten zur Vatergestalt, wird man enttäuscht feststellen, daß es solche so gut wie gar nicht gibt. Speziell für das Märchen, deren Bedeutung für die Therapie inzwischen mehr und mehr erkannt wird[82], stößt man schnell auf Titel wie „Die Mutter im Märchen", „Das Weibliche im Märchen"; aber man sucht vergebens nach dem „Vater im Märchen". Nicht, daß er dort keine Rolle spielte; sind doch ein Großteil der Märchen Reifungsgeschichten, in denen Vatergestalten selten fehlen. Aber soweit ich sehe, ist ihre Funktion beim Gelingen oder Scheitern der Märchenhelden und -heldinnen noch nie zusammenhängend untersucht und beschrieben worden.

Wohl nicht zufällig kommt C.G. Jung in seinem wichtigen Aufsatz „Die Bedeutung des Vaters für das Schicksal des Einzelnen"[83], in dem er über den Vaterarchetyp schreibt, lediglich auf die biblische Legende von Tobit zu sprechen, in welcher der negative Vaterarchetyp in Gestalt des Dämons Asmodi im Schicksal der Tochter eine beherrschende Rolle spielt.

Dreißig Jahre später beschreibt Verena Kast eben diesen negativen Vaterkomplex in ihrer Interpretation des Märchens von der verwünschten Prinzessin im Rahmen einer Aufsatzsammlung zum Thema „Das Böse im Märchen".[84]

Ist dies Zufall oder weist es vielleicht doch darauf hin, daß im Patriarchat die Macht des Vaterarchetyps vorwiegend als „dämonisch" erlebt wurde?[85]

Die Lebensschicksale, die C.G. Jung im obengenannten Aufsatz skizziert, bestätigen diesen Eindruck jedenfalls und sie stellen sicher keine Ausnahmen aus der therapeutischen Praxis dar. Doch wenden wir uns der Schilderung des Vaterarchetyps zu, wie er in der Tobitlegende und manchen Märchen in der Überlieferung der Völker auftaucht.

Die Tobitlegende

Da das Seelenbild, das der Archetyp hervorbringt, grundsätzlich mehrdeutig ist, ist es auch der Vaterarchetyp.

In der Tobitlegende wird er an zwei Vätern veranschaulicht: an Tobit, dem Vater des Tobias, und an Raguel, dem Vater der Sarah, die Tobias am Ende heiratet.

Meistens wird ein Aspekt des Seelenbildes leichter bewußt, ein anderer dagegen ist unbewußt und wird verdrängt oder projiziert.

In Tobit ist vor allem die Seite des Vaterarchetyps gestaltet, die mit Führung und Weisung zu tun hat. Mit „Vater" verbindet sich hier ein Wissen darum, wie richtig zu leben ist. Davon spricht das ganze vierte Kapitel des Buches Tobit. Zu Vaterschaft gehören Tradition, Sitte und Lebensweisheit. Der Vater lehrt, was er selbst in seinem Dasein verkörpert (vgl. das 1. Kapitel des Buches Tobit).

Der Schattenaspekt, die Rückseite gleichsam dieser Seite des Väterlichen, ist die rechthaberische Durchsetzung des eigenen Willens, die *Macht* des Vaters.

In der Tobitlegende zeigt sie sich an der Stelle, wo der Vater des Tobias seiner Frau herrisch befiehlt, das Böcklein den Herren zurückzubringen, die es ihr als Lohn für ihre Arbeit geschenkt hatten. Er besteht darauf, daß es gestohlen ist (Tob 2, 13–14).

Bei der zweiten Vatergestalt der Legende, dem Vater Raguel, treten die beiden Aspekte besonders krass auseinander: der liebende und besorgte Vater einerseits, und der männermordende Dämon andererseits. Daß die negative Seite als Dämon dargestellt wird, unterstreicht hier nicht nur die Furchtbarkeit, sondern auch die totale Unbewußtheit.

In des Dämons Übermenschlichem sieht C.G. Jung das Archetypische besonders deutlich zum Ausdruck gebracht:

„Asmodi [der Dämon] spielt die Rolle eines eifersüchtigen

Vaters, der seine geliebte Tochter nicht herausgeben will und erst dann nachgibt, als er sich auf seinen eigenen positiven Aspekt besinnt und als solcher der Sarah endlich einen zusagenden Bräutigam schenkt. Asmodi stellt den negativen Aspekt des Vaterarchetyps dar, denn dieser ist der Genius und Dämon des persönlichen Menschen... Der Mythos erklärt psychologisch richtig: er mißt nicht Raguel übermenschliche Bosheit zu; er unterscheidet vom Menschen den Dämon, wie auch die Psychologie unterscheiden muß, was das menschliche Individuum ist und kann, und was dem kongenialen Instinktsystem, welches der individuelle Mensch nicht gemacht, sondern vorgefunden hat, zuzuschreiben ist. Man täte dem individuellen Raguel schweres Unrecht, wenn man ihn für die schicksalschaffende Macht dieses Systems, eben des Archetypus, verantwortlich machen wollte."[86]

Dennoch wäre es eine unzulässige Verkürzung, wenn man den Archetyp VATER nur mit dem Dämon in Verbindung brächte. In den Vatergestalten von Mythos, Legende oder Märchen wird das Archetypische in allen Zügen sichtbar; denn, wie Jung schreibt:

"der individuelle Vater verkörpert unvermeidlicherweise den Archetypus, der dessen Bilde die faszinierende Kraft verleiht."[87]

Freilich zeigt die Tobitlegende sehr treffend, daß sich der Vater im Dämon mit beiden Aspekten verkörpert, wenn Tob 6.15 den Tobias über diesen sagen läßt:

"Ihr tut er nichts, weil er sie liebt; aber sobald einer sich ihr nahen will, tötet er ihn."

Sehr drastisch wird also hier der Machtaspekt des Väterlichen als eifersüchtiges Besitzenwollen gezeichnet, ein Aspekt, der ja auch die dunkle Seite des biblischen Jahwe ausmacht. Hildegunde Wöller hat dies an einigen Frauengestalten der Bibel aufgezeigt und macht zu Recht an dem Text Ezechiel 16 deutlich, daß die Beziehung zwischen Jahwe und seinem Volk Israel ganz von diesem Besitzanspruch geprägt ist. Sie schreibt, dieser Abschnitt des Buches Ezechiel zeige Jerusalem (als Synonym für das auserwählte Volk) als Tochter und Sexobjekt Jahwes und ihn selbst als rasend eifersüchtigen Liebhaber. Jahwe „behauptet nun, eine Tochter ins Leben gerufen zu haben, die ihm alleine gehört, weil er sie für sich erwählt habe. Alle anderen Liebhaber betrachtet er als Rivalen."[88]

Der besitzergreifende Machtwille ist meist unter der väterlichen Liebe, die sich als Schutz und Fürsorge zeigt, versteckt. Aber er gehört zum Vaterarchetyp, der die Vater-Kind-Beziehung in der Tiefe bestimmt.

Die verwünschte Prinzessin

Dasselbe Motiv vom männermordenden Dämon als Schattenseite des Vaterarchetyps begegnet uns auch im Märchen. Als Beispiel sei das von Verena Kast im Sammelband „Das Böse im Märchen" besprochene Märchen „Die verwünschte Prinzessin" herangezogen, um weitere Aspekte des Vaterarchetyps zu erkennen.

In dem Märchen geht es darum, wie eine von einem Berggeist verzauberte Prinzessin gerettet werden kann. Bisher hat sie alle, die sie retten wollten, umgebracht. Dies aber tut sie unter dem Einfluß des Berggeistes, der sie alleine besitzen will und deshalb das Morden befiehlt.

Uns geht es nun in erster Linie darum, wie dieser „Berggeist", der eifersüchtige Vaterarchetyp, geschildert wird, und nicht um das, was der junge Mann Peter mit Hilfe seines weisen Reisegefährten (der dankbare Geist eines Toten) zur endgültigen Rettung unternimmt. Der Geist haust in einem großen Berg, genauer in einem großen Saal darin, der wie eine Kirche wirkt. Denn in ihm befindet sich ein Altar. Der Geist selbst wird folgendermaßen beschrieben:

„Es war ein alter Mann mit schneeweißem Bart, hatte Augen im Kopf, die glühten wie Feuerkohlen; dabei war sein ganzes Wesen grimmig und gefährlich ..."

Hohes Alter, Weisheit (weißer Bart), glühende Augen werden oft spontan von Menschen gemalt, wenn sie sich Gottvater vorstellen sollen.[89]

Bei weiteren Besuchen der Prinzessin beim Berggeist, um sich neue Rätsel für den Retter sagen zu lassen, kommen noch einige Attribute hinzu, die zeigen, daß der Vaterarchetyp kosmische Dimensionen hat: Der Raum ist vom *Mond* erleuchtet, später von der *Sonne*.

Auf dem *Altar* liegt ein stachliger *Fisch*, dazu kommt ein feuriges *Rad*.

Der Berggeist sitzt auf einer Art Thron und wird von der Prinzessin mit „hoher Geist!" angesprochen.

Das Wohnen des Geistes im Berg, im Verborgenen, weist deutlich auf die Unbewußtheit des Archetyps hin, das Kirchenähnliche darauf, daß eine religiöse Faszination von ihm ausgeht.

Das weiße Roß und das Schlachtschwert, die Peter als Gedanken der Prinzessin erraten soll, weisen auf Stärke und Macht, Macht bis zum Töten. Der Kopf als letztes Rätsel verbindet den Vaterarchetyp mit dem Denken und Planen, dem Wissen.

Auf dem Thron sitzend präsentiert sich der Berggeist als Weltenherrscher (Sonne, Mond und Sterne). Mehrdeutig sind die Gegenstände auf dem Altar: stachliger Fisch und feuriges Rad. Möglicherweise bietet sich hier die Tobitlegende als Vergleich an, in der Tobias den Fisch überwältigt, der ihn verschlingen will. Dann wäre der Fisch Hinweis auf die männliche Triebstärke[90], die dem Vater innewohnt und die verletzend sein kann (Stachel). Das feurige Rad symbolisiert wohl noch einmal die Sonne und die lebensspendende Kraft.[91]

Die Märchen, Mythen und Legenden sagen uns also, wie der Vaterarchetyp erlebt wird in seiner Ambivalenz, seiner überwältigenden Machtfülle, die dämonisch-besitzergreifend sein kann. Stärke, aber auch gefährliche Triebhaftigkeit paart sich mit Weisheit und lebensspendender Zeugungskraft.

Aufs Ganze gesehen scheint allerdings der lebensschaffende, heilend-befreiende Aspekt des Vaterarchetyps wie gefangen zu sein in dem angstmachenden Dämonischen, das sich so aufdringlich zeigt. Bei aller väterlichen Liebe wird deshalb der Vater zum Teufel, wenn sich gegen ihn und seinen Willen das Eigene der Kinder zur Wehr setzt, wie es das Märchen vom „Mädchen ohne Hände" beispielhaft darstellt. Zugleich schildert dieses Märchen den mühevollen Weg, sich aus dem Bannkreis eines solchen Vaters zu befreien und sich selbst zu finden.

Viele Frauen sehen in dem „Mädchen ohne Hände" ihren eigenen Zustand treffend ausgedrückt. Tatsächlich haben sie früh gelernt, sich nichts aus eigenem Antrieb zu nehmen, sondern zu warten, was sie – als Belohnung für ihr „Bravsein! – bekamen.

Eine junge Frau schildert, wie sie tatsächlich Angst hatte, der Vater würde zum Teufel werden, der sie umbringt, wenn sie sich mit eigenen Wünschen zu Wort meldet und ihm seine Frau wegnimmt, die er ganz für sich brauchte. Als Kitt zwischen den Eltern stehend, deren Beziehung durch kindliche Projektionen geprägt war, durfte sie keine eigene Existenz haben, mußte ihre Leb-haftigkeit(!) *unterdrücken, weil der Vater „das nicht vertrug". Sie brachte das Opfer, ihren eigenen Willen aufzugeben, weil sie die Schuldgefühle nicht ausgehalten hätte, durch „ihre Art", ihre Wünsche und „Aufdringlichkeit", die so brüchige Ehe der Eltern zu zerstören.*

Solchen Frauen geht es ähnlich wie dem Kind „Schmerzensreich", das von seiner Mutter als Ersatz für eine reale Vatererfahrung den himmlischen Vater angeboten bekam. Als der leibliche Vater kommt, kann es in dem „wilden Mann" nicht seinen Vater erkennen.

So haben auch Frauen aus religiösen Elternhäusern oft früh das Vaterunser gelernt. Aber eine lebendige Beziehung zu diesem Vater im Himmel spürten sie nicht. Ihre Gefühle blieben gefangen in Schuldgefühlen und vagen Sehnsüchten. Erst das Erleben eines „Vaters", der sie als sie selbst gelten läßt und zum Eigenen ermutigt, kann auch ihre Gottesbeziehung stärker in ihr Leben integrieren.

Der Doppelaspekt des Vaterarchetyps nach C.G. Jung

Folgen wir C.G.Jung, wenn wir, dieses Kapitel abschließend, noch einmal die wichtigsten Aspekte des Vaterarchetyps uns vergegenwärtigen:
Zuerst gilt es, die *Macht* des Archetyps zu würdigen, der das Erleben des Vaters vorbestimmt und dem realen Vater die Vatergewalt verleiht. Kinder sehen deshalb in der Regel ihren Vater als stark an, als einen, der alles kann, und es ist für sie eine große Enttäuschung, ihn als schwachen Menschen zu erleben. Das gilt natürlich auch von Gott als Vater, insofern er dem Kind vor Augen gestellt wird. Der „allmächtige" Gott wird freilich, wenn er nicht hilft, nicht als schwach, sondern eher als nicht vorhanden betrachtet.
Sodann ist von besonderer Bedeutung der „Doppelaspekt der Vaterimago":

> „Er ist entgegengesetzter Wirkung fähig und benimmt sich dem Bewußtsein gegenüber etwa so wie Jahwe dem Hiob gegenüber, nämlich ambivalent, und es bleibt, wie im Buch Hiob, dem Menschen vorbehalten, seine Konsequenzen zu ziehen."[92]

Nach Jung ist der Vaterarchetyp wie alle Archetypen eine „schicksalschaffende Macht", welcher der einzelne unterworfen ist. Ein Vater, der sich mit dem Archetyp identifizierte, würde dem Größenwahn verfallen oder wirklich zum „Dämon" werden.

Jung urteilt zusammenfassend:

„Die Möglichkeiten des Archetypus, im Guten wie im Bösen, übersteigen die menschliche Blickweite um ein Vielfaches, und ein Mensch kann solche Spannweite nur dadurch erreichen, daß er sich mit dem Dämon identifiziert, bzw. sich von diesem ergreifen läßt, wobei dabei der Mensch verloren geht.

Die schicksalsdeterminierende Kraft des Vaterkomplexes entstammt dem Archetypus, und dies ist der wirkliche Grund, warum der consensus gentium anstelle des Vaters eine göttliche oder dämonische Gestalt setzt, denn der individuelle Vater verkörpert unvermeidlicherweise den Archetypus, der dessen Bild die faszinierende Kraft verleiht.

Der Archetypus wirkt wie ein Resonator, der die vom Vater ausgehenden Wirkungen, insofern sie mit dem vererbten Typus übereinstimmen, ins Übermäßige steigert." [93]

VATER als Symbol wird unweigerlich durch den Vaterarchetyp und die durch ihn geformten Bilder gespeist. Wie sich zeigte, werden diese Bilder im überwiegenden Maß vom Machtaspekt des Archetyps hervorgebracht, ja oft sogar von einer überwältigend-dämonischen Seite.

Warum das so ist, können wir nur vermuten. Doch spricht manches dafür, daß die Erfahrungen des Patriarchats kulturgeschichtlich schon so lange das Vaterbild geprägt haben, daß sich besonders dieser Aspekt in die menschliche Seele als Erbe eingegraben hat.

Das aber bedeutet, daß der Vaterarchetyp alleine nicht ausreicht, um VATER als Symbol wieder zu beleben. Es kommt offensichtlich darauf an, die unterdrückte, helle, aber eben durch die oben genannten Erfahrungen verdeckte Seite des Väterlichen gleichsam zu „erlösen", zu lösen aus dem Bann des Patriarchats.

In den Märchen – wir wählten als Beispiel das „Mädchen ohne Hände" – wird diese Seite oft im *König* verkörpert, der hilfreich und gerecht ist. Hier berührt sich diese Überlieferung mit der alttestamentlich-jüdischen, wo ebenfalls Jahwe als König vorgestellt und der erwartete Messias als König und Friedensfürst ersehnt wird.

Wenn Gott als „Vater" vorgestellt wird, dann müssen möglichst viele Aspekte des Väterlichen zum Klingen gebracht werden. Dazu ist es notwendig, daß wir fragen, ob und in welcher Weise das biblische Gott-Vater-Bild die mythologischen und märchenhaften Bilder des Vaterarchetyps widerspiegelt oder überschreitet. Dabei wird zuerst noch einmal der alttestamentliche Jahwe in den Blick kommen müssen, bevor dann nach der Gotteserfahrung Jesu gefragt werden kann, die, wie wir sehen werden, einen entscheidenden Schritt darstellt, die enge, verhängnisvolle Verbindung von Gott und irdischem Vater zu lösen.

2. Gott als Vater im Alten Testament

Daß die Benennung und Anrufung Gottes als „Vater" im Alten Testament spärlich bezeugt ist, hat vor allem damit zu tun, daß in den der Bibel angrenzenden Kulturen der Gedanke der Vaterschaft Gottes mit Zeugung und physischer Verbindung zu einer Göttin verbunden ist. Dies aber wollte Israel auf keinen Fall mit Jahwe verbunden wissen: Jahwe ist geschlechtslos und hat kein weibliches Gegenstück an seiner Seite.

Gott als Schöpfer, auch als Schöpfer Israels (vgl. Hos 8,14) wurde ausdrücklich nicht mit Vaterschaft in Verbindung gebracht. Grundlegend für das Verständnis Gottes ist vielmehr der Gedanke des Bundes, den ER mit seinem Volk geschlossen hat. Dafür bot sich aber das Bild von Braut und Bräutigam eher an als der Vatername.

Freilich prägt das an Sippe und Stamm orientierte patriarchale Denken die Vorstellung des göttlichen Bundespartners in entscheidender Weise. Um dem stets drohenden Mißverständnis zu wehren, daß es sich beim Bund Jahwes mit Israel um zwei gleichrangige Partner handle, wird Jahwes Rolle darin mit der Autorität des Familienvaters und Erziehers verglichen: Strenge und Fürsorge, väterliche Liebe und unerbittliche Härte kennzeichnen ihn, je nachdem ob Israel sich als gehorsamer oder störrischer Sohn zeigt.

So formuliert Psalm 103,13 geradezu klassisch:

„Gleich wie ein Vater sich erbarmt der Kinder, so erbarmt sich Jahwe über alle, die ihn fürchten."

Und in Deuteronomium 8,5–6 ist der Zusammenhang zwischen Bundesschluß und Gesetzgebung am Sinai einerseits und dem Erziehungsgedanken andererseits so gefaßt:

„So erkenne denn in deinem Herzen, daß Jahwe, dein Gott, dich erzieht, wie jemand seinen Sohn erzieht. Halte also die Gebote Jahwes, deines Gottes, indem du auf seinen Wegen wandelst und ihn fürchtest."

Abfall von Jahwe wurde also nicht nur im Bild der untreuen Gattin dargestellt (vgl. besonders Ez 16), sondern auch in dem vom unfolgsamen Kind. Sehr schön zeigen dies Stellen bei Jeremia, wo Jahwe geradezu wünscht, Vater genannt zu werden, weil sich in dieser Anrede das Hören auf ihn zeigt:[94]

„Doch du behieltst die Stirn einer Buhlerin, wolltest dich nicht schämen.

Hast du nicht auch jetzt noch zu mir gerufen: ‚Mein Vater! Du bist doch der Vertraute meiner Jugend! Er wird doch nicht ewig zürnen, ohne Ende böse sein?' So redest du, und dabei verübst du Schlechtigkeiten und bist noch stolz darauf (Jer 3, 3b–5).

Ich hatte gedacht: Wie wollte ich dich gleich einem Sohne halten und dir ein liebliches Land verleihen … Denn ich dachte, du würdest mich ‚Mein Vater' nennen und niemals mich verlassen.

Aber wie eine Frau, die ihrem Ehegefährten die Treue bricht, so hat das Haus Israel mir die Treue gebrochen, spricht Jahwe." (Jer 3, 19–20)

Wir können sehen, wie die Bilder von der untreuen Gattin und dem unfolgsamen Sohn austauschbar sind, um Israels Untreue zu brandmarken:

„Jahwe spricht: Söhne habe ich aufgezogen und groß gemacht; sie aber sind mir untreu geworden (Jes 1,2)."

Der Gedanke der Erziehung zielt hier zweifellos auf die völlige Abhängigkeit Israels von Jahwe.

Das bringt der dritte Jesaja auf den Punkt, wenn es Jes 64,7 heißt:

„Und doch Jahwe, du bist unser Vater; wir sind der Ton, du bist unser Bildner; das Werk deiner Hände sind wir alle."

Die Fachleute sind sich einig darin, daß dieser Text nicht im Sinne der Schöpfungstätigkeit Jahwes zu verstehen ist, sondern „die Vollmacht des Erziehers" meint, „welcher unfertige Menschen bildet, als ob seine Hand ungestaltete Masse forme, die sich dem leisesten Druck fügt."[95]

Zweifellos legt sich auch im Alten Testament die Erfahrung des Vaters im Patriarchat, also die unumschränkte Autorität, auf die Vorstellung Gottes. Er ist Vater in dem Sinn, daß er sein Volk erzieht. Damit verbunden ist die Angst vor der Strenge und Willkür Gottes.

Und doch öffnet die Vorstellung von Jahwe als Vater und Erzieher den Raum der *Hoffnung,* daß nach aller „Züchtigung" durch Not und Entbehrung, Hunger und Verbannung die erbarmende *Liebe* des Vaters alles zum Guten wende:

„Deutlich höre ich Ephraim klagen: ‚Du hast mich gezüchtigt, und ich ließ mich züchtigen wie ein ungezähmtes Rind. Laß mich umkehren, daß ich umkehren kann, denn du bist Jahwe, mein Gott. Denn nachdem ich mich abgewandt hatte, kam mir die Reue, und seit ich es eingesehen habe, schlage ich an meine Brust. Ich schäme mich und bin zerknirscht, denn ich habe ja die Schande meiner Jugend getragen.'

Ist mir denn Ephraim ein so teurer Sohn? Ist er mein Lieblingskind? Sooft ich ihn auch schelte, immer wieder muß ich an ihn denken. Deshalb schlägt ihm mein Herz entgegen, ich muß mich seiner erbarmen, spricht Jahwe." (Jer 31, 18–20)

Was der Exilsprophet hier anspricht, hatte vor ihm Hosea im Bild des sich mütterlich um seinen Säugling bzw. sein Kleinkind kümmernden Vaters eindrucksvoll gezeichnet. Zugleich sprengt dieser Text aber bewußt die Analogie zwischen irdischem Vater und Gott und bricht in bemerkenswerter Weise gerade die Übertragung der furchterregenden Seite des Vaters auf:

„Als Israel jung war, gewann ich es lieb, und aus Ägypten rief ich meinen Sohn. Aber je mehr ich sie rief, desto mehr wandten sie sich von mir ab … Und doch habe ich Ephraim das Gehen gelehrt, habe ihn auf meine Arme genommen, aber sie erkannten nicht, daß ich sie hegte. Mit Banden der Güte zog ich sie, mit Seilen der Liebe; ich war wie einer, der einen Säugling an seine Wange hebt. Ich beugte mich zu ihm und gab ihm zu essen …

Wie könnte ich von dir lassen, Ephraim, dich preisgeben, Israel? … Mein Herz kehrt sich um in mir, und zugleich regt sich mein Mitleid. Nicht will ich tun, was die Glut meines Zornes mir eingibt, nicht Ephraim wieder verderben. *Denn Gott bin ich und nicht ein Mensch*, heilig in deiner Mitte, ich liebe es nicht, zu verderben." (Hos 11,1–4.8–9)

Dieser einzigartige Text beschreibt die Väterlichkeit Gottes als erbarmende Liebe und lehnt es ab, die für den menschlichen Vater naheliegenden Zornesausbrüche auf Gott anzuwenden. Zweifellos geschieht hier ein wichtiger Schritt zur Öffnung der Vatererfahrung auf das Symbol VATER als Gottesvorstellung hin, den wir auch im Psalm 27 finden:

„Und wollten mich Vater und Mutter verlassen, Jahwe wird mich aufnehmen." (Ps 27,10)

Sicher stehen diese Aussagen im Ganzen der alttestamentlichen Überlieferung noch isoliert. Und zweifellos hat leider *wirkungsgeschichtlich* Gott als vernichtende Macht, dem niemand nahen kann, der die Schuld der Väter rächt an Kindern und Kindeskindern, der Ungehorsam grausam bestraft unter dem Eindruck des konkreten Vatererlebens im Patriarchat das Gottesbild stärker geprägt und so den dunklen Teil des Vaterarchetyps aktiviert.

Dennoch: Das Vaterbild des Alten Testaments überwindet die Fixierung des Väterlichen auf die zeugende Lebensmacht und erweitert es um die geistige Dimension menschlicher Existenz, die wohl am ehesten mit den Begriffen „Beziehung" und „Ordnung" umschrieben werden kann.

Das Erziehungsmodell alttestamentlicher Gott-Vater-Vorstellung bricht die monolithische Machtstruktur auf, setzt mit der Rede vom *Bund* die *Beziehung* zwischen Vater und Kindern, die auch Liebe ermöglicht, eine wichtige Ergänzung. Vaterschaft und Vatererfahrung sind so nicht mehr in erster Linie an der physischen Zeugungstätigkeit festzumachen, sondern meinen vorrangig eine bestimmte Weise, menschliches Miteinander zu gestalten und ihm Sinn zu geben. So gewinnt die Kategorie der *Verantwortung* einen hohen Stellenwert.

Die besondere Art und Weise, wie sich Väterlichkeit innerhalb der menschlichen Beziehungen zur Geltung bringt, kann am besten mit Ordnung stiftender Autorität umschrieben werden. „Recht und Gesetz" erscheinen in diesem Zusammenhang als Ordnungselemente, die verhindern, daß menschliches Miteinander ins Chaos naturhafter Triebhaftigkeit zurückfällt; daß das „Mütterliche" als spendend-verwöhnende, zugleich aber auch als umschlingend-einverleibende Macht das Übergewicht gewinnt und damit das Leben naturhaft gebunden bleibt.

Zwangsläufig gesellt sich so zum Archetyp des Väterlichen die Angst, der Ordnung nicht zu entsprechen, in den Augen des Vaters nicht zu genügen.

Das Alte Testament spiegelt so auf weiten Strecken ein Ringen um die Lebenszusage von seiten des Sinn und Ordnung stiftenden Gottes, der verbietet, sich im Naturhaft-Biologischen festzumachen, sondern hinaustreibt aus solchen Bindungen in ein Leben, das als Aufgabe verliehen wird, das Risiko von Schuld und Scheitern in sich schließt und „vor seinen Augen" bestanden sein will.

Die Gefährdung einer solchen Lebensauffassung ist offensichtlich und stellt das Kernproblem des Väterlichen im Alten Testament dar: die Anstrengung, sich durch Leistung das Wohlwollen des Vaters zu erwerben, versperrt den Zugang zur Liebe, die bedingungslos schenkt und alles Lebendige bejaht. Die Erfahrungen Israels zeigen, wie schwer es ist, den Vater im Ordnungsgefüge der Menschheitsfamilie zu behalten und ihn nicht durch das „goldene Kalb" zu ersetzen. Die Buß- und Gerichtspredigt der Propheten war deshalb auf weite Strecken der Versuch, dem Vater in der „Familie Gottes" wieder seinen Platz zu geben, damit das Leben „heil", das heißt, ganz bleibt. Die archetypische Seite des Väterlichen, die sich hier zeigt, ist in den Bildern des „Alten" und des „Weisen", oft als König dargestellt. Sie verbürgen das notwendige Lebenswissen, das unbedingt weitergegeben werden muß, wenn es Kultur und nicht nur Natur unter den Menschen geben soll. Freilich sind es letztlich „übernatürliche" Kräfte, die den Weg weisen in den Märchen, die erst durch Krisen hindurch zum Ziel führen.

Und so kann auch das, was väterliche Autorität end*gültig* meint, eigentlich im Vollsinn nur von Gott ausgesagt werden. *Das ist die Einzigartigkeit der religiösen Erfahrungen einzelner in Israel*, die zu der Erkenntnis führte, daß Gott nicht ist wie ein Mensch (vgl. Hos 11,9).

Diese Ahnung geht aber offenbar immer wieder leicht verloren, so daß die Erfahrungen mit der Willkür der Väter im Patriarchat stets von neuem das Antlitz Gottes verdunkeln, Gott zum zornig-grimmigen Despoten machen, der seine Übermacht gegen die „Sünder" geltend macht, wenn er sich nicht noch im letzten Moment dazu bewegen läßt, Gnade walten zu lassen.

In der Vergangenheit blieb Gott als Vater offenbar zu sehr an dieses Erleben gebunden und trug die Züge des irdischen Vaters. Trotz der sicher immer auch gemachten Erfahrungen von Liebe und Güte des Vaters konnte im Patriarchat die Nähe Gottes, die seine Unbegreiflichkeit nicht aufhebt, nicht so zur Geltung kommen, daß sich VATER als Symbol für den Gott des LEBENS angeboten hätte.

3. Gott als Vater Jesu

Das Gottesbild Jesu

Befragt man die neutestamentliche Überlieferung nach dem Gottesbild Jesu, so besteht kein Zweifel, daß Jesus von Gott in erster Linie als einem Vater gesprochen hat. Dies geschieht nicht erst im Johannesevangelium, wo die Beziehung Vater-Sohn zum Hauptinhalt der Verkündigung wird, sondern bereits in einer wahrscheinlich relativ frühen Quelle:

> „In jener Zeit sprach Jesus: „Ich preise dich, Vater, Herr des Himmels und der Erde, daß du dies vor Weisen und Klugen verborgen, Unmündigen aber geoffenbart hast.
>
> Ja, Vater, so war es wohlgefällig vor dir. Alles ist mir von meinem Vater übergeben. Und niemand kennt den Sohn als der Vater; und den Vater kennt niemand als nur der Sohn und wem der Sohn es offenbaren will." (Mt 11, 25–27; vgl. Lk 10, 21–22)

Dieser „Jubelruf", wie er meist genannt wird, zeigt auf, daß Jesus einerseits ganz in der Tradition verwurzelt ist, wenn er von Gott als seinem Vater spricht, andererseits aber den Zugang anderer Menschen zu Gott als Vater an seine Person bindet.

Zum ersten: Der Vater Jesu ist gleichzeitig der „Herr des Himmels und der Erde", der Weltenherrscher also. Obwohl Jesus nach der Überzeugung der Exegeten für die Anrede an Gott meistens das kindlich-vertraute „Abba" (Papa) benutzte (vgl. Mk 14,36), behält dieser Vater doch die den Juden vertrauten Züge des Herrschers und Richters (vgl. Mt 7, 21 ff.).

Gleichzeitig ist die Beziehung Jesu zu seinem Vater, den er deutlich von „eurem Vater" den Jüngern gegenüber abhebt (vgl. z.B. Mk 11,25), in der Art und Weise beschrieben, wie das Verhältnis Vater-Sohn im Patriarchat damals verstanden wurde, nämlich im Rahmen der Familiengemeinschaft. Es sei zur Verdeutlichung nur an das bekannte Gleichnis vom barmherzigen Vater (Lukas 15) erinnert, wo der Vater zum älteren Sohn sagt:

> „Kind, du bist allezeit bei mir, und alles, was mein ist, ist dein!" (Lk 15,31; vgl. Lk 10,22: „Alles ist mir von meinem Vater übergeben worden.")

Der *Gehorsam* gegenüber dem Vater bestimmt diese Beziehung (vgl. Mt 7,21).

Jesu Sendung und sein Wirken läßt sich besonders nach dem Johannesevangelium nur von diesem absoluten Gehorsam her verstehen. Jesus und der Vater sind eins; es ist Jesu Speise, den Willen des Vaters zu tun (vgl. Joh 4,34 und die Abschiedsreden in Kapitel 14–16). Freilich gründet dieser Gehorsam ganz in der gegenseitigen Liebe.

Entscheidend für die Anrufung Gottes als Vater ist aber, daß Jesus dieses Verständnis von Vater-Kind-Beziehung nicht einfach auf jeden Menschen überträgt, sondern nur für sich selbst gelten läßt. Damit verwehrt er, die Mensch-Gott-Beziehung generell auf dem Hintergrund patriarchaler Familienstrukturen zu denken und zu beschreiben. Losgelöst von seiner Person muß sie notgedrungen den Zugang zu Gott als Geheimnis des Lebens, als Weg und Wahrheit versperren. Deshalb kennt niemand den Vater als der Sohn und wem er ihn offenbaren will.

Oder in der Sprache des Johannesevangeliums:

> „Philippus sagt zu ihm: ,Herr, zeige uns den Vater ...'

Jesus sagt zu ihm: ‚Wer mich gesehen hat, hat den Vater gesehen.‘ " (Joh 14,8–9)

Das aber bedeutet: Jesus bricht die eherne Verbindung zwi-
schen der Erfahrung des irdischen Vaters im Patriarchat und
Gott als Vater auf und verweist auf sich und sein Tun, um
VATER als Symbol für Gott wiederzugewinnen:

> „Glaubst du nicht, daß ich im Vater bin und der Vater in mir?
> Die Worte, die ich zu euch rede, rede ich nicht von mir aus.
> Der Vater, der in mir bleibt, tut seine Werke. Glaubet nur,
> daß ich im Vater bin und der Vater in mir ist." (Joh 14,
> 10–11)

Die totale Identifikation Jesu mit dem Vater-Gott ist somit der
Schlüssel für den Zugang zu Gott unter dem Symbol des
VATERS.

Das aber heißt, daß die Erfahrung Gottes als Vater *Jesuserfahrung* sein muß, um nicht zu einem angstmachenden Zerr-
bild Gottes entstellt zu werden.

Es ist, als spürten dies viele Menschen, die „es nicht mehr hören können, wenn von Gott als ‚Vater‘ gesprochen wird."

> *„Nicht, daß Sie glauben, ich glaube überhaupt nichts mehr.
> Das stimmt nicht. Aber wissen Sie, ich kann mit Jesus mehr
> anfangen als dem alten Vatergott. Er ist irgendwie mensch-
> licher!" sagt mir ein Mann in der Lebensmitte, der seinen ei-
> genen Vater meistens als launischen Despoten erlebte, der alle
> nach seiner Pfeife tanzen ließ, „weil er ja schließlich das Geld
> nach Hause bringe."*

Erst durch die Jesuserfahrung hindurch, als „Filter" gleichsam,
können dann die konkreten Erlebnisse mit Vätern – leiblichen
und „geistlichen" – eine Brücke zum Symbol des VATERS werden. Sie bedürfen einer Reinigung, einer „Klärung", nicht selten einer regelrechten Entgiftung.

Nur für die Beziehung Jesu zu Gott als seinem Vater kann die
patriarchale Familienstruktur als Verständnishilfe herangezogen werden, weil sie zugleich dadurch überboten wird, daß

diese Beziehung wirklich von gegenseitiger Liebe getragen und bestimmt ist. Nicht um Macht geht es hier – wenigstens nicht in dem Sinn, den wir in der Regel mit diesem Wort verbinden –, sondern um einen Dialog, der Lebensfülle ermöglicht und schenkt.

Im mitmenschlichen Bereich wird jedoch „Vater" unweigerlich vom Symbol zu einer „Chiffre" für ein zumindest sehr ambivalentes Erleben, was die Erfahrung der Liebe betrifft. Deshalb verbietet Jesus völlig konsequent, daß die Jünger – die Männer! – sich „Vater" nennen, weil nur Gott diesen Namen verdient:

> „Auch sollt ihr niemanden unter euch auf Erden Vater nennen; denn einer ist euer Vater, der im Himmel!" (Mt 23,9)

Dieser bei Matthäus formulierte Grund-Satz zieht die Folgerung aus der Tatsache, daß „auf Erden" niemand beanspruchen kann, das zu verbürgen, was VATER bedeutet, außer Jesus selbst. Er aber durchbricht die Strukturen des Patriarchats, das die Vatererfahrungen immer wieder zu Alpträumen werden ließ. Insbesondere zertrümmerte er die Bastion, welche dieses Patriarchat stützte: die Macht.

Die neue Familie

Vaterschaft, so müssen wir uns zunächst noch einmal klarmachen, ist nicht das Ergebnis eines Zeugungsaktes, auch wenn das der Spruch „Vater werden ist nicht schwer" so nahelegt und im gesellschaftlichen Rahmen Vaterschaft durch Bluttest nachgewiesen wird, um von Männern Alimente für die von ihnen gezeugten Kinder einzutreiben.

Einer solchen Vaterschaft fehlt freilich das Entscheidende, was „Vater" archetypisch beinhaltet: die Autorität.

Der Soziologe Ernst Michel hat dazu schon vor längerer Zeit in einem heute noch lesenswerten Aufsatz folgendes bemerkt:

> „Angemaßte Autorität der Familienväter auf Grund ihrer Er-

zeuger- und Verdienerstellung oder unter Berufung auf ge-
setzliche Mächte oder auf moralische und religiöse Lehr-
sätze ist keine Autorität, sondern zuinnerst und im Effekt
Zwangsgewalt. Als solche löst und gestaltet sie nicht, sondern sie unterdrückt und vergewaltigt und schafft in der
Familie entweder Sklaven oder asoziale und antisoziale Re-
bellen oder Neurotiker mit Ödipuskomplex."[96]

Michel zeigt – worauf hier im einzelnen nicht eingegangen werden kann –, daß der Vater „eine Gestalt der *Familie* und damit
des *sozial-kulturellen Bereiches*" ist.[97]

Wir sahen schon, daß bereits im Alten Testament Vaterschaft
vom reinen Zeugungsdenken losgelöst war, Jahwe nicht wie
andere Götter der Umwelt verstanden wurde. Er wählt sein
Volk, zu dem er in ein Verhältnis der Führung und Fürsorge
tritt. In den zwölf Jüngern sammelt Jesus symbolisch die zwölf
Stämme des Volkes Israel – stellvertretend für die Menschheit
– um sich als die neue Familie, die nicht durch das Blut, sondern das Tun des Willens Gottes verbunden ist (vgl. Mk 3,35).
Diese neue Familie wird keine Väter mehr haben:

> „Jesus sprach: ... Niemand hat Haus oder Brüder oder
> Schwestern oder Mutter oder Vater oder Kinder oder Acker
> um meinetwillen ... verlassen, der nicht hundertfältig emp-
> fängt, jetzt in dieser Zeit Häuser und Brüder und Schwe-
> stern und Mütter und Kinder und Äcker." (Mt 10,29–30)

Es ist ganz sicher kein Zufall, daß in dem so sorgfältig gebau-
ten Parallelismus von Mk 10,29 f. in der zweiten Reihe die Väter nicht mehr genannt werden, wie Gerhard Lohfink zu Recht
feststellt, und er fügt hinzu:

> „Die Väter werden im zweiten Teil des Spruchs bewußt nicht
> mehr genannt, weil es in der neuen Familie keine ‚Väter‘
> mehr geben soll. *Sie sind allzusehr Symbole patriarchali-
> scher Herrschaft.* Jesu Jüngergemeinde und mit ihr das wah-
> re Israel soll nur einen einzigen Vater haben: den im Him-
> mel! Das zeigt Mt 23,9."[98]

111

Die von Lohfink zuletzt zitierte Stelle kennen wir bereits: Ihr sollt auf Erden keinen euren Vater nennen! Doch wir haben vorher diesen Schlüsseltext bei Matthäus nur bruchstückhaft zitiert (Mt 23, 8–12). Er gipfelt nämlich in den Sätzen:

> „Der Größte unter euch soll euer Diener sein. Wer aber sich selbst erhöht, der wird erniedrigt werden, und wer sich selbst erniedrigt, der wird erhöht werden." (Mt 23, 11–12)

Hier ist also der Grund genannt, warum Jesus keine Väter mehr duldet: Das Prinzip des Patriarchats ist die *Macht*. Zwangsläufig werden die Väter auf Erden zu Machthabern. In der neuen Familie geht es aber nicht mehr um Macht, sondern um Dienst. Die gewohnten Maßstäbe sind außer Kraft gesetzt. Nur Gott allein kommt Herrschaft, und also Vaterschaft zu, weil sie nur bei ihm nicht mißbraucht wird. Denn diese Herrschaft wird in Jesu Wort und Tat ja als Hingabe für alle sichtbar: Er wollte unter den Menschen als einer sein, der dient (Lk 22,27), er kam nicht, um sich bedienen zu lassen, sondern um zu dienen (Mk 10,45). Am entscheidenden Punkt also, dem der Macht, hebt Jesus das patriarchale System aus den Angeln:

> „Die Macht und die Herrschaft gehören allein dem Gott, den die Jünger mit abba anreden dürfen. Wenn es für sie keine sorgenden und gütigen Väter von früher mehr gibt, sondern nur noch den einen Vater im Himmel, dann erst recht nicht mehr die herrschenden und Macht ausübenden Väter. Es wäre paradox, die zärtlichen Väter zu verlassen und dann die herrschenden Väter im Jüngerkreis wiederzufinden. Genau aus diesem Grund nennt Jesus in Mk 10,30 die Väter nicht mehr. Die Jünger werden in der neuen Familie Gottes alles wiederfinden, Brüder und Schwestern, Mütter und Kinder, aber keine Väter mehr. Patriarchalische Herrschaft darf es in der neuen Familie nicht mehr geben, sondern nur noch Mütterlichkeit, Brüderlichkeit und Kindschaft vor Gott, dem Vater."[99]

Wie wenig diese revolutionäre Sichtweise Jesu in der real existierenden Kirche begriffen wurde, zeigt sich darin, daß sie nicht nur freigiebig den Ehrentitel „Vater" kirchlichen Autoritäten verlieh, sondern auch „in unmittelbarem Ungehorsam gegen Mt 23,9 für den Papst sogar die Anrede „Heiliger Vater" eingeführt" hat.[100] Doch schon die neutestamentlichen Briefe an die Epheser und Kolosser, von Paulusschülern geschrieben, zeigen in ihren „Haustafeln", daß nicht Jesu Botschaft, sondern die patriarchalen Vorstellungen der damaligen griechisch-römischen Welt sich durchsetzten.

Diese Unfähigkeit, das Ende des Patriarchats durch Jesu Gottesbotschaft zu verstehen, hängt freilich eng damit zusammen, daß ja auch die Relativierung der Familie durch Jesus nicht mitvollzogen wurde. Statt dessen wurden die patriarchalen Strukturen mit Hinweis auf den „Gehorsam Jesu" nach Lk 2, 51 f. (Und der war ihnen untertan …) noch „christlich" untermauert.[101] Dadurch geriet die wichtigste Orientierungsmarke aus dem Blick, die den Weg zu Gott als VATER weisen konnte: Jesus. Wer *ihn* sieht, sieht den Vater, nicht wer auf den familiären Patriarchen verwiesen wird.

Wer mich sieht, sieht den Vater

Um VATER als Symbol für das Geheimnis des Lebens, das wir Gott nennen, wiederzugewinnen, müssen wir also auf Jesus schauen, der einem – wie auch immer gerechtfertigten – Patriarchat – den Boden entzog: „Ihr sollt niemanden auf Erden Vater nennen!" (Mt 23,9).

Das aber bedeutet, auf den zu schauen, „den sie durchbohrt haben", wie es Joh 19,37 formuliert. Der Durchbohrte, der gekreuzigte Jesus, ist das absolute Gegenbild zum Patriarchen, dem Vater-Herrscher, wie er in der Figur des Pilatus im Johannesevangelium treffend gezeichnet wird (Joh 18–19).

Zum Vatersymbol gehört demnach der „Dahingegebene", Machtlose dazu.

Der Blick dafür muß freilich erst geschult werden, damit in der Ohnmacht die Lebensfülle erahnt werden kann.

Wir wollen im folgenden fünf mögliche Aspekte der Wort- und Tatverkündigung Jesu auf die in ihnen aufscheinende Vatersymbolik hin betrachten, ohne dabei Vollständigkeit zu beanspruchen. Es geht vielmehr eher darum, den Blick zu schärfen, um den VATER zu sehen.

Denn es geht uns kaum anders als dem Philippus, der trotz intensiven Umgangs mit Jesus ihn doch noch vor seinem Weggang bittet: „Herr, zeige uns den Vater, und es genügt uns." (Joh 14,8) Warum genügt es uns? Weil ganz tief in unserem Herzen ein „Wissen" darum vorhanden ist, daß uns die abgründige Angst, in unserem Dasein und Sosein nicht gerechtfertigt zu sein, genommen wird, wüßten wir um einen Vater, der uns als die, die wir sind, gewollt hat, und der dieses unser Leben in aller seiner Brüchigkeit und Gefährdung hält, das heißt, der uns liebt.

Wir wählen die Aspekte der Väterlichkeit Jesu aus, die auch therapeutisch bedeutsam sind, da sie im Prozeß der Auseinandersetzung mit dem negativen Vaterbild und der Annäherung an einen liebenden Vater eine besondere Rolle spielen.

Da ist zunächst ein Grundzug des Verhaltens Jesu zu nennen, den man auf die Kurzformel bringen kann: *das Ausgegrenzte hereinholen*. Es gehört zu den unbestrittenen Tatsachen des Lebens Jesu, daß sein Interesse vor allem den Menschen galt, die – aus welchen Gründen auch immer – am Rand der Gesellschaft standen, die ausgeschlossen und ausgestoßen waren.

Sodann gilt unser Augenmerk dem *Lehrer* Jesus. Daß ihn die Jünger und andere Leute mit „Rabbi" anredeten, hat fraglos seinen Grund darin, daß er in der Art und Weise seines öffentlichen Auftretens mit den „Lehrern Israels", den Schriftgelehrte, verglichen wurde, die ihre Schüler um sich scharten, um ihnen die Thora, die Weisung Gottes, zu erschließen, den Weg zum „ewigen Leben" (vgl. Mk 10.17) zu zeigen.

Ein weiterer auffällliger Tatbestand von Jesu Umgang mit Menschen ist, daß er *Schutz* gewährte und die in Schutz nahm, welche Gefahr liefen, unter den Rädern unbarmherziger Gesetzesausleger zermalmt zu werden.

Darüber hinaus ging aber die Eröffnung eines Schutzraumes, in dem es dem geknechteten und mit sich zerstrittenen Menschen möglich ist, frei zu atmen, noch weiter. Denn Jesus öffnet sein individuelles Handeln am einzelnen auf die Welt als ganze hin, indem er sie trotz aller Gefährdung als einen Raum deutet, der von Gottes fürsorgender Güte als „Haus" für den ängstlich sich absichern wollenden Menschen errichtet ist.

Nicht ausgespart werden soll der Aspekt der Verkündigung Jesu, der von *Strafe und Gericht* spricht. Gerade weil er in der Vergangenheit das Jesusbild oft beherrschte und in der kirchlichen Verkündigung zur Einschüchterung der Menschen mißbraucht wurde, muß von ihm innerhalb der Vatersymbolik gesprochen werden. Ihn auszusparen würde die Spannungseinheit auflösen, die für das Symbol so wesentlich ist. Dabei wird freilich alles darauf ankommen, den strafenden und richtenden Vater nicht von dem zu trennen, der führt und schützt, sondern nach dem Stellenwert von Gericht und Strafe innerhalb des Zu-sich-Findens durch eine bewußte Gottesbeziehung zu fragen.

Wie weit die hier gebrauchten Begriffe von Strafe und Gericht von der üblichen Verwendung im alltäglichen Sprachgebrauch entfernt sind, wird erst richtig deutlich, wenn wir endlich noch den letzten Aspekt anschauen, der die Existenz Jesu kennzeichnet: seine *Lebenshingabe*. So wenig gerade auch sie isoliert als „Erlösungstat" Jesu gesehen werden darf: Als Aspekt der Väterlichkeit Gottes in Jesus darf sie nicht unterschlagen werden. Denn in ihr wird zusammengefaßt, was das Dasein Jesu ausmacht. In ihm den VATER zu sehen, führt uns also geradezu zwingend zu einem Gott, der nicht Macht, sondern Ohnmacht, der nicht Rache, sondern Vergebung, der nicht Gewalt, sondern Gewähren ist. So zu sprechen, „erklärt" Gott in keiner Weise. Vielmehr zerbricht es lediglich jedes Gottesbild, das mit Gott Erfahrungen verbindet, die im Patriarchat wurzeln. Und bei welchem Menschen täten sie das nicht?

4. Das Vatersymbol in Therapie und Jesusbotschaft

Vor mir liegt ein Bild, das eine Frau gemalt hat, die zur Zeit um ein Ja zum Leben ringt und dabei gegen den fürchterlichen Sog der Resignation ankämpft:

Die linke Seite des Bildes nimmt ein grau-schwarzer Felsblock ein, oben bizarr zerklüftet, rechts davon ist ein Flammenmeer dargestellt: Sechs mächtige Zungen recken sich in die Höhe, glitzern in rot-grün-lila Farbenpracht. In dieses Feuer stürzt sich vom Felsen ein Kind, kopfüber, schutzlos, nackt.

Die Klientin dazu: „Der Fels ist meine Mutter, das Feuer mein Vater."

So hat sie die Eltern erlebt: die Mutter kalt und abweisend, keinen Schutz und keinen Halt an ihr („sie haßte mich!"); den Vater lebendig, voller Wärme, aber auch verführerisch gefährlich. Zu ihm fühlte sie sich hingezogen, auch wenn sie gleichzeitig Angst vor ihm hatte.

Zweifelsohne hat die Frau in diesem eindrucksvollen Bild die Elterngestalten als *Symbol* dargestellt: die Mutter als Felsen, den Vater als Feuer.

Ein Symbol, so wissen wir, ist offen für viele Wirklichkeiten, ist nicht eindeutig.

„Fels" kann Halt und Sicherheit bedeuten, so zum Beispiel wenn der Psalmist von Gott als „mein Fels" redet (vgl. Ps 18,3.47; Ps 28,1; Ps 31,3 u.a.). Er symbolisiert bei der Frau, die das Bild malte, aber Starrheit, Kälte und Härte.

Ähnlich ist es mit dem Feuer, das lebensfördernde oder vernichtende Assoziationen wecken kann und in unserem obigen Beispiel ja auch ambivalent ist: die Klientin fühlt Wärme und Bedrohung zugleich.

Symbolische Wahrheit im Neuen Testament

C.G. Jung hat dem Symbol eine entscheidende Rolle bei der notwendigen Ablösung des Menschen von seinen blutmäßigen Bindungen an die Eltern zugewiesen. Ohne Symbole würde, so Jung, der Mensch in inzestuöser Weise immer wieder die Bindung an die Eltern suchen und letztlich nicht er selbst werden.

Jung sieht zugleich im Neuen Testament die treffendsten Beispiele dafür, wie symbolische Wahrheit und Ablösung aus biologischen Bindungen miteinander verbunden sind. In der Jesusbotschaft findet er die Forderung der Nachfolge mit der Aufforderung gekoppelt, die Eltern zu „hassen"; zugleich durchbricht Jesus immer wieder vordergründiges Verstehenwollen, indem er die Wahrheit des Menschen und die seiner eigenen Person in Symbole kleidet.

Im Anschluß an das bekannte Gespräch Jesu mit Nikodemus über die notwendige Wiedergeburt des Menschen „aus Wasser und Geist" im vierten Kapitel des Johannesevangeliums schreibt Jung in „Symbole der Wandlung":

„In der Aufforderung Jesu an Nikodemus erkennen wir diese Forderung: Denke nicht fleischlich, sonst bist du Fleisch, sondern denke symbolisch, dann bist du Geist. Es ist evident, wie erzieherisch und wie fördernd dieser Zwang zum Symbolischen ist: Nikodemus bliebe in platter Alltäglichkeit stecken, wenn es ihm nicht gelänge, symbolisch sich über seinen Konkretismus zu erheben ... Jesu Worte haben aber darum so große Suggestivkraft, weil sie symbolische Wahrheiten, die in der psychischen Struktur des Menschen begründet sind, aussprechen. Die empirische Wahrheit befreit den Menschen aus seiner sinnlichen Gebundenheit

117

nicht, denn sie zeigt ihm nur, daß es immer so war und auch nicht anders sein könnte. Die symbolische Wahrheit dagegen, welche Wasser an die Stelle der Mutter, Geist oder Feuer an die des Vaters setzt, bietet der in der sogenannten Inzesttendenz gebundenen Libido ein neues Gefälle an, befreit sie und leitet sie über in eine geistige Form."[102]

Durch das Symbol wird die Libido nach Jung also gehindert, regressiv die Beziehung zu den Eltern wiederzubeleben, statt sie auf eine „erhöhte Bewußtseinsstufe" überzuleiten:

„Die Symbole funktionieren als *Umformer*, indem sie Libido aus einer ‚niedereren' Form in eine höhere überleiten. Diese Funktion ist so bedeutsam, daß ihr vom Gefühl die höchsten Werte zuerkannt werden. Das Symbol wirkt suggestiv, überzeugend und drückt zugleich den Inhalt der Überzeugung aus. Es wirkt überzeugend vermöge des Numens, das heißt der spezifischen Energie, die dem Archetypus eignet. Das Erlebnis des letzteren ist nicht nur eindrucksvoll, sondern geradezu ‚ergreifend'. Es erzeugt natürlicherweise Glauben."[103]

Jung verankert also einerseits die Symbole tief in der menschlichen Seele, indem er sie den „Archetypen", den Urbildern, zuordnet, in denen sich menschliches Erleben ausdrückt. Ihre Bedeutung liegt vor allem darin, daß sie den Menschen aus Bindungen lösen, die ihn letztlich unfrei machen und den notwendigen Prozeß der Individuation verhindern.

Zugleich findet er diese zentrale „therapeutische" Einsicht in der Jesusbotschaft des Neuen Testamentes ausgedrückt:

„Wir erinnern daran, daß die Lehre Christi mit Rücksichtslosigkeit den Menschen von seiner Familie trennen möchte, und im Nikodemusgespräch sehen wir die besondere Bemühung Christi, der Regression symbolischen Sinn zu geben. Beide Tendenzen dienen demselben Ziel, nämlich den Menschen aus seiner Bindung an die Familie zu befreien, welche nicht höherer Einsicht, sondern der Weichheit und Unbeherrschtheit des infantilen Gefühls entspricht. Denn wenn er seine am Kindheitsmilieu haftende Libido gewähren läßt und nicht zu höheren Zwecken befreit, dann steht er unter dem Einfluß unbewußten Zwangs. Das Unbewußte schafft ihm, wo er auch immer sei, stets wieder das Infantilmilieu durch Projektion seiner Komplexe, wodurch die gleiche Abhängigkeit und Unfreiheit, welche das Verhältnis zu den Eltern kennzeichneten, jedesmal wieder aufs neue und ganz gegen sein vitales Interesse hergestellt werden."[104]

Sehr klar formuliert Jung in dem zuletzt zitierten Abschnitt die schwierige Aufgabe, die sich dem Menschen stellt, der verhindern möchte, daß er in seinem Erleben immer nur dem „Kindheitsmilieu" verhaftet bleibt. *Zwangs*läufig, wie Jung ausdrücklich sagt, wird er immer wieder diese Vergangenheit herstellen, was zweifellos auch auf seine Gottesbeziehung zutrifft. Auch hier wird er „gegen sein vitales Interesse" die gleiche Abhängigkeit und Unfreiheit in Bezug auf sein Gottesbild herstellen, die er gegenüber den Eltern hatte.

Wie aber geschieht die notwendige Befreiung „zu höheren Zwecken"?

Jung antwortet: Mit Hilfe der Symbole, und er verweist auf die neutestamentliche Jesusbotschaft als Weg. *Wie* man diesen aber konkret gehen kann, verrät er nicht, oder wenigstens – verstreut über sein Gesamtwerk – lediglich in Andeutungen.

Somit mag es sich lohnen, seinen Hinweisen ausführlicher nachzugehen und die neutestamentliche Jesuserfahrung als Leitfaden für die Wiedergewinnung des Vatersymbols heranzuziehen.

Doch vorher müssen wir erst noch einmal zurückkommen auf den Ausgangspunkt dieses Kapitels: das Bild der oben erwähnten Klientin. Denn an ihm können wir die Schwierigkeit gut ablesen, vor der die von Jung geforderte Befreiung aus dem „Infantilmilieu" steht: Zwar stellte die Frau die Eltern bildhaft dar, als Fels und Feuer. Aber es ist offensichtlich, daß beide Bilder noch nicht ihre Funktion als *Symbole* erfüllen können, weil sie noch zu sehr in ihrer gefühlsmäßigen Bedeutung durch frühkindliches Erleben festgelegt sind. Sie müssen erst noch „geöffnet" werden, um Brücke für die Begegnung mit dem Göttlichen sein zu können.

Der ideale Vater in der Therapie als Symbol

Wie kann das geschehen? Konkreter gefragt: Wie kann das Feuer, das die Klientin als Vaterbild malte, aufhören, fast zwangsläufig gefühlsmäßige Reaktionen von Angst und Bedrohung einerseits, vage Sehnsucht nach Wärme und Lebendigkeit andererseits auszulösen?

Wie kann es Symbol für Gott als Vater werden, der ja auch im Bild des Feuers vergegenwärtigt wird? (Vgl. die bekannte Szene vom brennenden Dornbusch in Ex 3,2 ff.).

„Der ‚legitime‘ Glaube geht immer auf das Erlebnis zurück", schreibt C.G. Jung in „Symbole der Wandlung". Zweifellos ist es ein unverzichtbarer Zwischenschritt, daß eine Frau Vaterschaft anders erleben muß als sie es als Kind tat, bevor sie VATER als Symbol für Gott zulassen kann.

Soweit die heutige Tiefenpsychologie und Therapie auf frühe Störungen der Ichentwicklung (Identitätsfindung) des leidenden Menschen zurückkommt, betont sie, wie wichtig die *Neubeelterung* ist. In der Sprache der Transaktionsanalyse (TA) zum Beispiel heißt das, daß sich jemand, der sehr früh negative Botschaften vom Vater erhalten hat, sich von einem „idealen Vater" positive Botschaften sagen läßt. Dabei geschieht ein Doppeltes: Einerseits befindet sich ein(e) Klient(in) in einer tiefen gefühlsmäßigen Identifikation mit dem kleinen Kind in sich, was jetzt hören darf: „Es ist gut, daß es dich gibt!" statt wie bisher: „Du bist mir eine Last" oder gar „Du bist überflüssig". Andererseits weiß er/sie natürlich, daß er/sie kein Kind

120

mehr ist und der Therapeut (oder ein Mitglied der Therapie-
gruppe) nicht der leibliche Vater ist. Er ist ein idealer Vater, den
diese(r) Klient(in) nie hatte und nie haben wird. Und doch wird
das, was dieser ideale Vater sagt, intensiv als öffnend und be-
freiend erlebt.

Freilich darf man sich das nicht so vorstellen, als bedürfe es
nur des einmaligen Zuspruchs eines „idealen Vaters", um „Vater" aus dem Bannkreis negativer oder fehlender Vatererfahrung zu befreien und ihn zum Symbol für eine andere Wirklichkeit werden zu lassen. Oft braucht es einen langen Weg mit
vielen Zwischenstufen dorthin.

*So ist die genannte Klientin, die das Bild mit Fels und Feuer
malte, dadurch wie gelähmt, daß die Ambivalenz, die schon
das Bild ausdrückt, sich in ihren Gefühlen zeigt: Sie sehnt
sich nach Nähe und Kontakt und hat doch zugleich pani-
schen Schrecken bei diesem Gedanken.*

*Ihr Grundgefühl ist, ausgeschlossen zu sein, anders zu sein
als alle anderen, wie in die Ecke gestellt. Nach Mutter oder
Vater rufen, kann sie nicht, weil Resignation sie lähmt.*

*„Und wenn ein Vater käme", sagt sie, „kämen nur Vorwür-
fe."*

*Ihr Gefühl sei, auf ein Rad gefesselt zu sein, das immer hin
und her geht, so daß immer wieder dasselbe passiere.*

*Ich fordere sie auf, heute einen Schritt aus dem Teufelskreis
heraus zu tun: Ein idealer Vater ruft sie zu sich, und sie geht
einen Schritt auf ihn zu. Darauf kann sie sich einlassen, aber
auch nicht auf einen Schritt mehr.*

Man hat immer wieder gefragt, wie die Wirkung des „idealen
Vaters" bei der Neubeelterung zu erklären ist. Müßte diese Frau
sich nicht realistischerweise sagen, daß alles nur Illusion, Ein-
bildung ist?

Meines Erachtens muß der ideale Vater als Symbol begriffen
werden. Ein Symbol, so sahen wir, braucht einerseits das sinn-
lich faßbare Element; in diesem Fall die konkrete Person eines

Mannes. Es weist aber gleichzeitig über sich hinaus auf eine andere Wirklichkeit, in unserem Beispiel auf das Bejahtwerden durch eine Macht, die nicht an einem bestimmten Menschen haftet, sondern von „wo anders her" zugesagt erfahren wird. Eine solche Erfahrung läßt sich natürlich nie „machen".

Im Bewußtsein der Klientin ist die Erfahrung des idealen Vaters als Symbol dadurch gegeben, daß sie bei allem intensiven Fühlen dennoch klar weiß, daß sie es nicht mit einem realen Vater zu tun hat, den sie „besitzen" würde. Sie weiß, daß die Person des Therapeuten (oder eines anderen Mannes) nachher mit anderen Menschen dasselbe „Spiel" inszenieren wird, nämlich lebensbejahende Botschaften zuzusprechen, um das alte „Skript" – das Drehbuch des „Kindheitsmilieus" (Jung) – zu entkräften. Alles kommt ja darauf an, daß diese neuen Botschaften verinnerlicht werden und das Symbol so seine heilende Kraft entfalten kann.

Was wir hier beschrieben haben, gilt zweifellos für den therapeutischen Prozeß generell, näherhin für den Aspekt der therapeutischen Beziehung, den man „Übertragung" nennt. Denn hier geschieht ja genau das, was C.G. Jung als die geradezu zwanghafte Tendenz beschreibt, nämlich kindliche Wünsche und Ängste, die dem leiblichen Vater gelten, auf den Therapeuten zu übertragen und von ihm zu erwarten, daß er auf diese „Regression" so antwortet, wie es der Klient gewohnt ist. Deshalb gehört es zu den schwierigsten Aufgaben eines Therapeuten, die Übertragung so zu „handhaben", daß für den Klienten symbolisches Erleben möglich wird. Würde der Therapeut auf die unbewußten Erwartungen des Klienten eingehen, käme es lediglich zu einer Wiederholung des Altbekannten und eine Weiterreifung wäre unmöglich. Es kommt also alles darauf an, daß es gelingt, den Klienten einerseits die Gefühle erleben zu lassen, die er möglicherweise nie bewußt erleben durfte und früh verdrängt oder abgespalten hat. Andererseits muß er aber den Vater anders erfahren als er ihn als

Kind in sich aufgenommen hat, nämlich als eine Autorität, die diesem Begriff wieder den ursprünglichen Sinn gibt, also „Mehrer der Lebensmöglichkeiten" zu sein.

Auch in diesem Falle, wenn er erlebt, daß der neue Vater anders antwortet auf seine Wünsche und Ängste, als er es gewohnt ist, weiß der Klient sehr wohl, daß der Therapeut nicht sein Vater ist. Aber er darf an ihm und durch ihn hindurch das erleben, was wiederum nicht mit diesem konkreten Menschen identisch ist: das Ja zu sich selbst und die Ermunterung, das Leben zu wagen.

Bleibt die Frage, ob von solchen Erfahrungen her auch „Feuer" als Symbol für Gott erschlossen werden kann. Bei der erwähnten Klientin war es ja auf die ambivalente Vatererfahrung hin zu einem Zeichen geworden, das eben ganz bestimmte Gefühle wachrief.

Die Klientin hatte den Vater als lebendig-warm (im Gegensatz zur harten Mutter) erlebt, seine körperliche Nähe aber als verzehrend-gefährlich. Von seiner Wärme bekam sie selbst wenig zu spüren.

In einer Imaginationsübung kann die Frau an ein wärmendes Feuer geführt werden, an dem sie still sitzt, und das ihr Gesicht hell leuchten läßt. Das friedliche Schweigen wird nur durch das Prasseln des Feuers durchbrochen. Lange sitzt sie so da, lauscht mit wachem Blick ins Feuer. Es ist Nacht geworden, aber das Feuer ist nicht kleiner geworden. „Der brennende Dornbusch" geht es ihr durch den Sinn: Hört sie die Zungen des Feuers sprechen, zu ihr reden? Was sagen sie? …
Von einer solchen Übung her, die wiederholt werden muß, kann dann wieder eine Brücke zum VATER als Symbol geschlagen werden, dessen „Feurigkeit" nicht Sexualität sein muß, sondern zum Beispiel auch den Vater einschließt, der sich und seine Tochter für etwas begeistern kann, so daß sie beide Feuer und Flamme sind.

Entscheidend bei all dem ist also, daß in der Therapie der Vater nicht nur als der so oder so erinnerte zur Sprache kommt, sondern daß seine symbolische Dimension aufscheinen kann, so wenig sie sich selbstverständlich erzwingen läßt. In den archetypischen seelischen Strukturen liegt eine wichtige Grundlage vor. Aber sie bleibt, wie wir sahen, eng an die jahrtausendelangen Erfahrungen des Patriarchats gebunden und ist somit unvollständig. Deshalb lohnt es sich, sie mit dem Blick auf Jesus, das Symbol Gottes schlechthin, zu überschreiten.

4. VATER: Aspekte des Symbols im Spiegel der Jesusbotschaft

Die Berichte der Evangelien über Jesus, die wir im folgenden zugrunde legen werden, haben alle das Ziel, eine Ahnung davon zu vermitteln, daß in Jesu Hinwendung zu den Menschen in Wort und Tat das Göttliche selbst sich zeigt: als die bedingungslose Liebe. Aber sie kann nur „gesehen" werden im Symbol, nämlich indem sie das Sinnlich-Greifbare, Gesten und Berührungen, „durchsichtig" werden läßt für das Unaussprechliche und Unsichtbare, aber dennoch das, was jeder Mensch zutiefst ersehnt und unter vielfältigen Leiden aus sich gebären will: das LEBEN.

1. VATER: Lebensraum und Lebensrecht

„Mein Vater?" Die Frage nach ihm irritierte die Frau offensichtlich, verwunderte sie. Nach einer Pause, in der ihr Blick in eine unbestimmte Weite gerichtet war, blickte sie mich an und sagte: „Ich war für ihn Luft."

Und als ich darauf nichts sagte, sondern ihre Worte nachklingen ließ, fügte sie hinzu: „Das heißt, ich existierte für ihn nicht, basta!"

In vielfältigen Variationen, doch stets mit demselben unterdrückten Schmerz verbunden, kehrt in den Lebensberichten von Frauen und Männern die Klage wieder, daß der Vater entweder nicht da war oder sie nicht wahrnahm.

Es muß nicht immer die Erinnerung an deutlich gezeigte Ablehnung sein, die zu schaffen macht, wenngleich auch die nicht selten ist.[105] Oft zeigt sich einfach ein großes Loch, wenn nach dem Vater gefragt wird. Es ist, als habe es ihn nie gegeben, und erst allmählich tauchen wie aus dichtem Nebel schattenhafte Umrisse von Erinnerungsstücken auf, die mit dem Vater in Verbindung gebracht werden können.

Ausgrenzung

Leben und Lebensmöglichkeiten werden für viele Menschen nicht mit dem Vater verbunden, besonders dann, wenn er erst in das Leben des Kindes tritt, wenn die grundlegenden Erfahrungen von Vertrauen und Mißtrauen bereits gemacht wurden. Das war das Schicksal der Menschen, die im Krieg geboren wurden und den Vater erst kennenlernten, als er am Kriegsende oder aus der Kriegsgefangenschaft kam. Er war ein Fremder, der als Störenfried empfunden wurde. Das gilt aber ebenso für alle Kinder, die als Babys zu den Großeltern oder anderen Pflegepersonen gegeben wurden und dann nach einigen Jahren zu den Eltern geholt wurden.

Das war auch das Schicksal von E. Sie wuchs bei den Großeltern auf, die allerdings nicht viel Zeit für sie hatten, da sie eine Landwirtschaft betrieben. E. hat deshalb auch keine deutliche Erinnerung an den Großvater, der immer sehr beschäftigt war. Sie meint heute, daß er nur widerwillig zugestimmt habe, E. bei sich zu haben.

E.s Vater hatte wieder geheiratet, als sie mit fünf Jahren nach Hause geholt wurde. Sie lehnte nicht nur sofort die Stiefmutter ab, sondern auch den Vater, der ihr die „Liebe" zu den Eltern einprügeln wollte.

Heute duldet sie nicht, daß in ihrer Gegenwart von ihrem „Vater" gesprochen wird. Er ist für sie nur „dieser Mann".

Es bedarf keiner Erläuterung, warum für E. „dieser Mann" niemals Symbol für den VATER werden konnte, und daß es langer, geduldiger Arbeit bedürfte, damit nicht für immer der Mann von ihren früheren Erlebnissen her als „verachtenswertes

Scheusal" definiert ist und Neues in der Begegnung mit ihm gar nicht mehr geschehen kann.

Menschen mit dem Schicksal von E. ist der Zugang zum Vatersymbol versperrt. Sie können Gott nicht „Vater" nennen, wenn sie mit dieser Benennung irgend etwas Sinnvolles ausdrücken wollen. Täten sie es, dann müßte dieser „Gott" zwangsläufig eine Projektion ihrer Kindheitserfahrungen sein, ein „Scheusal". Sie grenzen den Vater aus ihrem Leben aus, das sie bewußt als ihren dem Schicksal dennoch abgetrotzten Lebensraum verteidigen.

„Vater" darf darin nicht vorkommen. Nur in den Alpträumen der Nacht erscheint er, gespensterhaft und meistens gewalttätig.

Aber es ist wichtig zu sehen, daß dieser Ausgrenzung zumeist die von seiten des Vaters vorausging: Er grenzte sich selbst aus durch seine Abwesenheit, real und emotional; und er grenzte das Kind aus seinem Lebensbereich aus, in dem es ihm lästig war, ihn dabei störte, nur für sich selbst zu leben und die anderen für seine Bedürfnisse zu gebrauchen.

Der Familientherapeut Bert Hellinger sieht in der Ausgrenzung von Personen, die zum Lebenskreis des Klienten gehören (vor allem Familie und Verwandtschaft) einen Hauptgrund, warum jemand leidet. Nach ihm fordern unumstößliche Ordnungen menschlichen Zusammenlebens, daß die zu einem „System" (z.B. der Familie) gehörenden Personen nicht ausgeschlossen werden dürfen, es sei denn, sie hätten etwa durch einen Mord diese Zugehörigkeit verspielt.

Deshalb ist nach ihm der Ausschluß des Vaters von seiten des Kindes ein schwerer Verstoß gegen diese Ordnung und rächt sich unweigerlich ebenso wie ein Abschieben des Kindes durch den Vater.

In seinen Familienaufstellungen holt Hellinger die bisher ausgeschlossenen Personen wieder herein, um so die „Ordnungen der Liebe"[106] wiederherzustellen.

Blicken wir von solchen Erfahrungen her auf den Jesus der Evangelien, um in ihm und seinem Verhalten den VATER zu sehen, dann fällt sofort auf, welches Gewicht Jesus darauf legt, sich selbst aus der Weggemeinschaft der Menschen, der Menschheitsfamilie, nicht auszugrenzen. Sie ist für ihn modellhaft repräsentiert im Volk Israel, das er symbolhaft in der Auswahl der Zwölf um sich sammelt. Er bleibt Mittel- und Bezugspunkt dieser Familie. Daß sich Jesus gerade nicht als der Besondere aus den Menschen ausgrenzte, sondern sich solidarisch unter sie begab, wird bereits in der gewichtigen Anfangsszene aller Evangelien deutlich, der Taufe Jesu:

> „Und das ganze jüdische Volk zog zu ihm [Johannes dem Täufer] hinaus, und alle Bewohner Jerusalems und ließen sich von ihm im Jordanfluß taufen und bekannten dabei ihre Sünden … Und in jenen Tagen kam Jesus von Nazareth in Galiläa und ließ sich im Jordan von Johannes taufen." (Mk 1,5.9)

In diesem Text symbolisieren „das ganze Volk Israel" und „alle Bewohner Jerusalems" das Volk Israel, und Jesus gehört dazu. Daß sich Väter aus dem Staub machen, wenn es brenzlig wird, diese traurige Erfahrung machen ja immer wieder Kinder und Frauen. Jesus bleibt, bleibt bis zum bitteren Ende.

Das späte Johannesevangelium hat diese Jesuserfahrung in den Bildworten vom Guten Hirten ausgedrückt, der seine Herde nicht im Stich läßt:

> „Ich bin der gute Hirte. Der gute Hirte gibt sein Leben für die Schafe. Der Mietling aber, der nicht Hirt ist, dem die Schafe nicht gehören, sieht den Wolf kommen und läßt die Schafe im Stich und flieht … Ich bin der gute Hirt und kenne die Meinen, und die Meinen kennen mich, wie mich der Vater kennt und ich den Vater kenne. Und ich gebe mein Leben hin für die Schafe." (Joh 10,11–12.14–15)

Es ist ein auffälliger Zug in Jesu Hinwendung zu den Menschen, daß er das Ausgeschlossene hereinholt und so heilt. Entweder führt er die Ausgeschlossenen dorthin zurück, wohin sie gehören, oder er stellt sich selbst als Vater dazu, wo dieser fehlt und lebensnotwendig ist.

Ist es Zufall, daß es vor allem *Männer* sind, die Jesus heilt, um sie anschließend nach Hause zu ihrer Familie zu schicken? Die Männer sind gelähmt, unfähig ihre Verantwortung wahrzunehmen und sich auf die Menschen zuzubewegen, die sie so dringend brauchten.

Gleich am Anfang seines Evangeliums, im zweiten Kapitel, berichtet Markus von einem solchen Gelähmten, den er nach der Heilung ausdrücklich nach Hause schickt:

> „Er sprach zu dem Gelähmten: ‚Ich sage dir, steh auf, nimm deine Bahre und geh heim.'" (Mk 2,10–11)

Der griechische Text ist an dieser Stelle noch genauer, als es diese Übersetzung der Jersualemer Bibel zeigt: „Ziehe dich in dein Haus zurück!", müßte man wörtlich übersetzen, wobei in dem Verb ὑπαγειν deutlich etwas mitschwingt im Sinne von „sich (einer Aufgabe) unterziehen", „auf sich nehmen".

Dann sind da die *handlungsunfähigen Männer*, die Jesus vom Rand, an den sie sich gestellt haben, in die Mitte ruft, damit sie wieder zupacken und Handlungsspielraum gewinnen. So geschieht es in der von Markus im dritten Kapitel seines Evangeliums geschilderten Szene, wo Jesus einen Man mit einer „verdorrten Hand" in der Synagoge auffordert:

> „Steh auf und komm in die Mitte!" (Mk 3,3)

Oder er führt in die Familie den Mann zurück, der als „Besessener" in Grabhöhlen haust und seine wahnsinnige Wut gegen sich selbst richtet. Von Jesus geheilt, ist er nun „vernünftig" und kann wieder für die Seinen dasein:

> „Geh nach Hause zu den Deinen und erzähle ihnen, was der Herr Großes an dir getan und wie er sich deiner erbarmt hat." (Mk 5,19)

Ähnlich geschieht es mit den *blinden* Männern, die nicht mehr sehen können und wollen, welchen Platz sie auszufüllen, wo sie ihre Sicht der Dinge einzubringen haben. Auch hier schließt der Evangelist die Schilderung der Heilung durch Jesus mit dem Satz:

„Hierauf schickte er ihn nach Hause." (Mk 8,26)

VATER als Lebensraum, zu dem ich gehöre, diesen Aspekt des Symbols also zu erfassen, kann für manche Männer demnach heißen, sich bewußt dorthin zu stellen, wovon ich mich entfernt habe, weil im Erleben des eigenen Vaters kein Vorbild dafür gegeben ist.

Herr K. klagt über seltsame Traurigkeit und Leere, obwohl er doch seine Familie und somit eigentlich keinen Grund dafür habe. Manchmal allerdings fühle er sich so, als gehöre er gar nicht richtig dazu, wenn er mit Frau und Kind zusammen sei. Er frage sich dann, ob er überhaupt Vater sein könne und was ein richtiger Vater eigentlich zu tun habe.

Als Herr K. seine Familie aufstellt, erschrickt er, wie weit weg er sich stellte.

Dann erinnert er sich, wie er schon als Kind „immer abseits" stand und somit das Gefühl, nicht dazuzugehören, ihm nicht fremd ist. Mit seinem Vater hatte er so gut wie keinen Kontakt. Er kann sich weder an Gespräche, geschweige denn an körperliche Nähe erinnern.

Der Therapeut fordert ihn nun auf, die Traurigkeit darüber nicht zu unterdrücken. Herr K. weint heftig, als er den Schmerz darüber nicht mehr wegschiebt. Dann wird er gebeten, sich zu Frau und Kindern dazuzustellen. Spontan faßt er mit einer Hand seine Frau, der anderen seine Tochter an. Er lacht erleichtert.

Nicht als moralischen Appell erlebt er jetzt seine Aufgabe, Familienvater zu sein, sondern als „Ermächtigung", nachdem er den Schmerz spüren konnte, der ihn an seiner Befähigung zweifeln ließ, ihr gewachsen zu sein.

Fraglos sah Jesus das Leiden der Menschen um sich auch darin begründet, daß es so viele Ausgegrenzte und Ausgeschlossene gab, denen die Zugehörigkeit zum Volk Gottes bestritten wurde. Diese fühlten sich konsequenterweise auch von Gott ausgeschlossen, der aber solche Abgrenzung nicht kennt, weil er „seine Sonne aufgehen läßt über Böse und Gute" (Mt 5,45). Ausgrenzungen verletzen also die Ordnung dieser von Gott geschaffenen Welt und stiften Unfrieden, der letztlich des Menschen Herz spaltet.

Deshalb versteht man Jesu Wirken erst richtig, wenn man sich dieses sein Ziel vor Augen hält, das Versprengte zurückzuholen und selbst dem einen Schaf nachzugehen und die neunundneunzig in der Wüste zu lassen (Lk 15,4–7).

Jesu neuerdings immer wieder hervorgehobene Zuwendung zu den *Frauen* hat darin ihren Grund. Die Frau, die ins Haus des Pharisäers kommt und damit die Ächtung mißachtet, der sie als „Sünderin" anheimgefallen ist, steht für alle die Frauen, die nicht dazugehören durften, einfach weil sie Frauen waren. Die von Lukas gestaltete Szene (Lk 7, 36–50) zeigt eindrucksvoll, wie Jesus der Frau im Haus und beim Mahle ihren unverzichtbaren Platz einräumt, der ihr ständig streitig gemacht wird. Nur sie bringt in die menschlichen Beziehungen das ein, wozu der Pharisäer (und – so darf man wohl vermuten – die Mehrzahl seiner geladenen Gäste) außerstande ist: die Liebe. Nur sie, sagt Jesus, hebt die Sünden, das heißt die „Sonderungen", auf, ermöglicht Vergebung, ohne die Menschen nicht menschlich miteinander umgehen können (Lk 7,47: „Wem wenig vergeben wird, der liebt wenig.").

Oder die an Blutfluß leidende Frau, die Jesus heimlich berührt, um geheilt zu werden (Mk 5,25 ff.): Sie wird von Jesus bewußt aus ihrer Anonymität herausgeholt, wird persönlich angesprochen (Mk 5,33 f.), bekommt den ihr zustehenden Platz unter den Mitmenschen und den inneren Frieden („Geh hin in Frieden und sei geheilt von deinem Leiden"[Mk 5,34]).

*Für Frau A. gehört die Geschichte mit der Sünderin in Lk 7
zu ihren Lieblingstexten.*

*Dies aber nicht, weil sie sich von Jesus angenommen weiß,
sondern weil sie sich durch und durch als „Sünderin" fühlt.
Sie fühlt sich schmutzig und nichtsnutzig. Niemand, der sie
wirklich kennen würde, wollte mit ihr zu tun haben.*

*Für den Vater war sie nur eine „Schlampe", und auch die Mut-
ter sagte ihr immer wieder, daß sie sowieso keinen Mann finden werde. Gott liebe, so meint sie, zweifellos alle Menschen,
außer sie selbst. An ihr sei absolut nichts Liebenswertes.*

*Frau A. braucht lange Zeit, bis ihre Zweifel abnehmen, auch
ich könne sie eines Tages einfach wegschicken, weil ich fest-
stellte, daß „es mit ihr sowieso keinen Sinn habe".*

*Verständlicherweise hat sie Angst, sich zu öffnen und ihre Ge-
fühle zu zeigen. Denn dann würde sie ja jemand kennenlernen, wie sie wirklich ist und nichts mehr mit ihr zu tun
haben wollen. Daß sie so, wie sie ist, berechtigt ist, hier zu
sein und mit einem anderen zu sein, – dies wahr-zunehmen,
ist für sie der erste Schritt auf dem Weg zum Vater-Gott.*

Vatersein

Endlich gilt dies auch für die *Kinder*, die als die „Unwissen-
den" ebenfalls vom Reich Gottes ausgeschlossen betrachtet
wurden. Jesus, so berichten übereinstimmend die Evangelien,
holt gerade sie bewußt herein und wird für sie zum Vater (Mk
10, 14–16 Parr.).

Mit dieser letzten Beobachtung sind wir bei dem zweiten oben
bereits angesprochenen Grundzug des Wirkens Jesu: Er wird
für sie zum Vater, so daß Gott für sie (wieder) zum VATER werden kann.

Wir können die Bedeutung dieses Verhaltens Jesu kaum überschätzen. Er redet nicht nur vom Vater, wie es besonders
eindrücklich in der Gleichniserzählung vom „verlorenen

Sohn" geschieht (Lk 15,11 ff.), sondern er nimmt *an Gottes Stelle* den Menschen als Kind an, vertritt die fehlende Vaterstelle. Das, was später etwa der Apostel Paulus über die Gotteskindschaft des Getauften fast überschwenglich schreibt (besonders eindrucksvoll im 8. Kapitel des Römerbriefs), hat seine Grundlage im Umgang Jesu mit den Menschen, im Erweis seiner Väterlichkeit, durch die er ihnen Gott nahebringen will.

Den Kindern gegenüber drückt sich Jesu Vatersein ganz konkret in liebevollen, annehmenden Gesten aus:

> „Und er umarmte sie und segnete sie, indem er ihnen die Hände auflegte." (Mk 10.16).

Wir dürfen uns nicht davon abhalten lassen, diese Gesten als Erfahrung des Vaters zu würdigen, auch wenn sie inzwischen kirchlich ritualisiert und insofern dem heutigen Menschen eher fremd sind.

Am deutlichsten zeigt die Umarmung (das griechische Wort betont: In-die Arme-schliessen), daß in den Raum des Schutzes und der Wärme hineingeholt und darin umschlossen wird, was vorher draußen, ausgeschlossen war. Keine worthafte Rede kann die Geste hier ersetzen, weil sie auf ein Grundbedürfnis des Menschen antwortet, das vorsprachlich ist. Das Wort kann also nur in Verbindung mit dem Körpergefühl wahrgenommen werden.

Auch für das deutsche Wort „segnen" lohnt es sich, die Bedeutungsbreite des zugrundeliegenden griechischen Wortes anzuschauen: ευλογεω heißt wörtlich: ein gutes Wort sagen. Das geschieht beim Segnen, und zugleich schwingen die Bedeutungen mit „loben und preisen", „danken" und „glücklich machen" (das Substantiv ευλογια bedeutet neben dem Segen-(swunsch) auch die „Wohltat").

In der bei Markus geschilderten Szene wird der Segen nicht worthaft, sondern auch wieder in der Geste, durch Handauflegung, vermittelt. Unschwer können wir uns dies als Bild vor Augen halten und dabei beobachten, daß sich die ausgebreiteten Arme wie ein Dach schützend über das Kind breiten. So wird der Raum der Geborgenheit, der bereits durch die umschließenden Arme geschaffen wird, vollends abgeschirmt gegen jedes Ungemach.

Das heißt Gott VATER nennen: in seinen geschützten Lebensraum eintreten dürfen und darin dankbar und glücklich sein. Wie oft ist dieses Erleben verschüttet und unglücklich-leidvoll verbaut! Nicht selten ist dann der Grund, daß der Vater für das Kind nicht da war, physisch oder psychisch fehlte, oder daß die „Liebe" des Vaters das Kind erdrückte.

Deshalb tritt Jesus auch an des Vaters Stelle, um den Vater zu einer konkreten Erfahrung werden zu lassen. Er kann nicht einfach als „Idee" vermittelt werden, wenn jene fehlt.

Die Tochter des Synagogenvorstehers Jaïrus, von der Mk 5 berichtet, daß sie nach schwerer Krankheit stirbt, ehe Jesus helfen kann (Mk 5,35), scheint durch die Überfürsorge des Vaters erdrückt worden zu sein. Hier tritt Jesus an die Stelle des Vaters, um dem Kind, das kein Kind mehr ist (zwölf Jahre), die altersgemäße väterliche Weisung zu geben:

„Und er ergriff die Hand des Kindes und sprach zu ihr: ‚Mädchen, ich sage dir, steh auf!' " (Mk 5,41)

Anders ist die Situation bei der Tochter einer griechischen Frau, die sich an Jesus wendet, weil ihr Kind „einen unreinen Geist" hatte (Mk 7,25). Die Frau bittet, den Dämon aus ihrer Tochter auszutreiben (7,26). Hier vertritt der helfende Jesus den offenbar fehlenden Vater.

In ähnlicher Weise geschieht es mit einem besessenen Sohn, den der Vater zu Jesus bringt (Mk 9,17 ff.). Während allerdings die Heilung der Tochter der Griechin geschieht, ohne daß das Mädchen dabei ist, erinnert die Heilung des Jungen deutlich an die Auferweckung der Tochter des Jaïrus in Mk 5:

„Jesus ergriff ihn bei der Hand und richtete ihn auf, und er stand auf." (Mk 9,27)

In beiden Fällen darf vermutet werden, daß die Väter nicht so

Väter waren, wie es die Kinder altersgemäß gebraucht hätten. Bleibt hier manches spekulativ, was jedoch für unsere Fragestellung nicht ins Gewicht fällt, so wird in der Zuwendung Jesu zu erwachsenen Menschen unzweifelhaft klar, daß seine Väterlichkeit in erster Linie darauf abzielt, den Ausgeschlossenen wieder einen Platz in der großen Familie des „Volkes Gottes" zu geben. Dazu wird Jesus für manche Menschen bewußt zum Vater, die aus Angst und Scham sich nicht berechtigt fühlen, dazuzugehören.

Der blutflüssigen Frau in Mk 5,25 ff., von der wir bereits an anderer Stelle sprachen, sagt Jesus nach Mk 5,34:

„*Tochter*, dein Glaube hat dich geheilt."

Dies ist an dieser Stelle nicht einfach eine Redensart, sondern geschieht mit Bedacht: Der Frau wird das Tochter-Sein von Jesus zugesprochen, nachdem sie wagte, sich zu ihrem Tun zu bekennen und nicht wieder ins Abseits zu verschwinden (vgl. Mk 5,33).

Besonders eindringlich schildert jedoch der Evangelist Lukas für die Person des kleinwüchsigen Oberzöllners Zachäus diese Erfahrung (Lk 19,1–10). Der Zusammenhang ist bekannt: Der Mann, klein von Gestalt, steigt auf einen Baum, um den vorüberkommenden Jesus sehen zu können. Jesus ruft ihm, als er an die Stelle kommt, zu, er wolle bei ihm als Gast bleiben. Die Leute murren, gehört dieser Zachäus doch zu den verhaßten Geldeintreibern im Dienst der Besatzungsmacht. So ist Zachäus aus der Sicht der Gemeinschaft weit draußen („Bei einem Sünder ist er eingekehrt ...!" [Lk 19,7]).

Zachäus verteidigt sich. Aber darauf kommt es in dieser Erzählung überhaupt nicht an. Entscheidend ist, was Lukas Jesus am Schluß sagen läßt:

„Heute ist diesem Hause Heil widerfahren, weil auch dieser *ein Sohn* Abrahams ist. Denn der Menschensohn ist gekommen, zu suchen und zu retten, was verloren war." (Lk 19,9–10).

Dem aus der Familie Gottes ausgegrenzten Mann wird von Jesus ausdrücklich die Sohnschaft zugesprochen, besser: bestätigt. Denn offenbar hat er sie und kann sie eigentlich nicht verlieren. Trotzdem sieht es Jesus als seine Aufgabe an, das Verlorene zu suchen und zu retten, das heißt, wieder in die Gemeinschaft zurückzuholen. Es gibt also keinen Verlust dessen, was der Mensch eigentlich ist. Jesu Väterlichkeit bewirkt offenbar ein In-Kraft-Treten der ursprünglichen Berufung.

Fassen wir hier zusammen: Die Aufgabe, die sich Jesus stellt, das Verlorene zu suchen und zu retten, zielt auf die Wiederherstellung der „Ordnung Gottes": daß alle Menschen vor Gott eine große Familie bilden, aus der niemand ausgeschlossen werden darf. Von Gott als VATER, den Jesus vertritt, ergeht die Zusage an alle, dasein zu dürfen und in einem geschützten Lebensraum, der Schöpfung, sich aufgehoben zu fühlen. Es ist eine alles Übrige grundlegende Lebenszusage an den Menschen, die in den Jesusgeschichten noch dadurch unterstrichen wird, daß regelrecht von Auferstehung aus dem Totsein gesprochen wird, wenn in Jesus Gottes Väterlichkeit ankommt.

In jeder Psychotherapie wird der Therapeut für den Klienten zum Vater.

Entscheidend ist dabei freilich, daß aus der Übertragung im Laufe der Arbeit eine Beziehung wird: Zunächst wird der Klient unbewußt dem Therapeuten gegenüber das wiederholen, was schon in seiner Kindheit zwischen ihm und dem Vater lief. Dazu gehört zum Beispiel, daß er erwartet, dieser werde genauso reagieren wie der eigene Vater.

Wenn dies nicht geschieht, kann der Klient lernen, daß zu diesem Menschen ihm gegenüber Beziehung möglich ist, und nicht das alte Spiel von Belohnung fürs „Bravsein" und Strafe fürs Ungehorsamsein ewig fortgesetzt zu werden braucht. Der Therapeut will ja in neuer Weise für den Klienten Vater sein, solange er es noch braucht, das heißt, bis er sich von innen heraus berechtigt fühlt, da zu sein so wie er ist.

2. VATER: *Führung und Wegweisung*

Der Vater als Lehrer

Vor fast fünfzig Jahren hat der Soziologe Ernst Michel im Rahmen eines Symposions zum Thema „Vater" einen Vortrag gehalten, in dem er Vaterschaft vor allem an die Aufgabe bindet, eine gemeinsame Geschichte der Generationen durch Lehren und Lernen zu ermöglichen.[107]

Er stützte sich dabei auf eine Interpretation von Augustinus' Schrift „Über den Lehrer" (De magistro) durch Eugen Rosenstock-Huessy, in der dieser Erziehung als das Sich-in-Dienstnehmen-Lassen von Lehrer und Schüler in gegenseitiger Einwirkung und Abhängigkeit vom Geist verstanden wissen will.[108] Diese Gedanken haben bis heute nichts von ihrer Aktualität eingebüßt. Im Gegenteil: Man muß sich fragen, ob sie nicht verdienten, neu beachtet zu werden.

Michel stellt heraus, daß „Vater" eine Gestalt der Familie und des soziokulturellen Bereichs ist, der Wille zur Vaterschaft also die Bereitschaft beinhaltet, die Generationenfolge nicht nur biologisch, sondern vor allem kulturell, als Zukunftsbestimmung der Heranwachsenden zu seiner ureigensten Verpflichtung zu machen. Damit wird deutlich, daß „Vaterschaft" nicht an den Mann gebunden ist, sondern genauso die Frauen meint. Väterliche Autorität ist in diesem Sinn auf die Lernfähigkeit und -willigkeit des Kindes bezogen, der sie dient. Durch das Lehren will der Erwachsene für sich über den Tod hinaus eine Brücke schlagen und dem Kind helfen, sich vor seine eigene Geburt zurück in menschlicher Geschichte zu verankern. In gemeinsamer Solidarität kämpfen sie sich zu einer gemeinsamen Zeit, der Gegenwart, durch, die anders nicht entstehen kann: Das Kind „sollte das Gefühl erwerben, schon vor seiner Geburt dabei gewesen zu sein ... Umgekehrt verkörpert der Schüler für den Lehrer ... die gesamte Nachwelt bis zum Jüngsten Tage."[109]

Zum Seelenbild des Vaters gehört zweifellos, daß der Vater Autorität besitzt, lebensförderndes Wissen lehren und Wege zeigen kann, auf denen sicher gegangen werden kann.

Im jüdisch-christlichen Gottesbild hat dieser Aspekt stets besonderes Gewicht gehabt: Jahwe ist der Gott, der herausführt aus „Ägypten", das die „Fleischtöpfe" des Mütterlichen und die Abhängigkeit von der Mutter symbolisiert. Er führt ins Ungewisse, aber das heißt zugleich, in die Freiheit. Seiner Wegweisung sich anzuvertrauen bedeutet LEBEN und Heil. Gehorsam meint in diesem Zusammenhang die Fähigkeit zu hören, wohin Gott führen will.

Aber weil dieser Aspekt des Gehorsams im Gottesbild einseitig betont und zu direkt auf das Verhältnis Eltern-Kinder übertragen wurde (statt als wichtiger Aspekt des Symbols VATER ergriffen zu werden), verlor es die Kraft, die Lernbereitschaft, die Neugier des Menschen und sein Vertrauen zu aktivieren. Die Hörbereitschaft, im Wagnis und im Blick nach vorne den Willen Gottes und seine Führung zu erspüren, degenerierte zum Gehorsam als Befolgen von Geboten und Unterwerfung unter die Macht des Stärkeren.

Es gilt demnach, die Kraft wiederzugewinnen, um den in seinem Vertrauen enttäuschten Menschen Gott als VATER vor Augen zu stellen.

Die russische Philosophin Tatjana Goritschewa wies in einem Vortrag anläßlich des Symposions für Psychotherapie und Seelsorge im Mai 1995 (in Gwatt, Schweiz) auf die Bedeutung des Starzen für eine lebendige religiöse Erfahrung hin. Ohne diese geistigen Väter ist für sie Gottesglauben in Rußland undenkbar, und sie ist überzeugt, daß auch der Westen solche „Väter" braucht, um geistige Erfahrung zu ermöglichen. Sie selbst sieht ihren Zugang zum Vater-Gott durch solche geistigen Väter vermittelt:

> „Ich habe manche gesehen, die sich praktisch in ein Gebet verwandelt haben. Sie sind Verkörperung des Gebets

geworden ... und als ich das erste Mal in meinem Leben das Gebet gelesen habe, ohne zu wissen, daß man beten kann und darf, das Vaterunser, hat mich Gott plötzlich gepackt. Der Heilige Geist hat für mich gebetet, und ich habe verstanden, daß mein himmlischer Vater existiert. Und daß das Gefühl, das er für mich hat, viel größer ist als alles mögliche, was ich bis zu diesem Augenblick erlebt habe."[110]

Jesus als Lehrer

Daß Jesus sich selbst als Lehrer (Rabbi) verstand und von den Menschen um ihn in erster Linie so gesehen wurde, darüber kann kein Zweifel bestehen.

Die Evangelien stellen dies deutlich heraus, und das Matthäusevangelium ist ganz von diesem Gesichtspunkt her verfaßt. Aber schon bei Markus heißt es bereits ganz am Anfang programmatisch:

Sie gingen nach Kafarnaum hinein, und gleich am Sabbat ging er in die Synagoge und lehrte. Da staunten sie über seine Lehre; denn er lehrte wie einer, der Macht hat, und nicht wie die Schriftgelehrten. (Mk 1,21f.)

Und auch die anschließend geschilderte Heilung eines Besessenen sehen die Menschen als Ausdruck seiner Lehre:

„Da entsetzten sich alle und stritten untereinander und sagten: ‚Was ist das? Eine neue Lehre mit Macht? Sogar den unreinen Geistern befiehlt er und sie gehorchen ihm.'" (Mk 1,27)

In Jesus, dem Lehrer, wird Gott als Vater „sichtbar", so daß Matthäus seine Gemeinde auffordert, einzig Gott „Vater" und Jesus Christus „Lehrer" zu nennen:

„Auch sollt ihr niemanden unter euch auf Erden Vater nennen, denn einer ist euer Vater, der im Himmel. Auch Lehrer sollt ihr euch nicht nennen lassen, denn einer ist euer Lehrer: Christus." (Mt 23,9–10)

Wenn wir im folgenden den Umgang des Lehrers Jesus mit seinen Jüngern betrachten, dann geschieht dies mit der Absicht, Vaterschaft als Führung und Wegweisung besser zu begreifen, um diesen Aspekt des Vatersymbols in unser Erleben integrieren zu können. Dabei kann es hilfreich sein, wenn wir vor allem darauf achten, in welcher Weise in der Beziehung Jesu zu den Menschen in seiner Begleitung das Sinnstiftende und Zukunftsweisende Gestalt gewinnt. Rosenstock-Huessy betont, daß zum Lehrer-Schüler-Verhältnis gehört, daß der Lehrer „alt", der Schüler „jung" ist. Das ist nicht vom Lebensalter her gedacht, so sehr es die Regel ist, daß der Lehrende älter als der Schüler ist. Hier ist aber Entscheidenderes gemeint:

> „Lehren ist ohne einen zeitlichen Vorsprung des Lehrers vor dem Schüler und ohne ein absichtliches geistiges Nachkommen des Schülers nicht sinnvoll. Also glauben beide an einen Sinn im Fortgang der Zeit, daß nämlich ‚alt' ‚jung' lehren soll …
>
> Es liegt im Lernen mithin eine Erfahrung vor, in der zwei Personen aus demselben Geist heraus die entgegengesetzte Haltung einnehmen. Der eine lehrt, der andere lernt. Der Lehrende macht sich absichtlich alt, der Lernende macht sich absichtlich jung.
>
> Alt sein heißt, geistig eine bestimmte Gestalt annehmen, um lehren zu können, jung sein heißt, sich gestaltlos, entbildet, leer, dem Gestaltungswillen auszusetzen, um lernen zu können."[111]

„Alt sein" in dem von Rostenstock-Huessy gemeinten Sinn begründet väterliche Autorität. Sie gründet für Jesus, den Lehrer, darin, daß er „vor aller Zeit" war, wie es besonders eindrucksvoll das Johannesevangelium bezeugt.

Verwurzelt bereits der Prolog Jesu Existenz in Gott selbst (Joh 1,1–4), so läßt der Evangelist Nikodemus zu Jesus sagen:

> „Rabbi, wir wissen, daß du als Lehrer von Gott gekommen bist." (Joh 3,2)

Den ungläubigen Juden, die Jesu Autorität in Frage stellen und sich auf Abraham als ihren Vater berufen ("Unser Vater ist Abraham", Joh 8,39), hält Jesus entgegen:

"Wahrlich ich sage euch: Ehe Abraham ward, bin ich." (Joh 8,58)

Jesus geht also als Lehrender vor Moses und Abraham zurück, sein "Alter" und damit seine Vollmacht gründen in Gott selbst, dem Vater:

"Ihr werdet erkennen, daß ich es bin und daß ich nichts von mir aus tue, sondern so rede, wie mich der Vater gelehrt hat." (Joh 8, 28; vgl. Joh 8, 38.40.42)

In ähnlicher Weise darf das "Ich aber sage euch" der Bergpredigt des Matthäusevangeliums verstanden werden. Auch hier beansprucht Jesus für seine Lehre eine Autorität, die "größer", das heißt "älter" ist als die des Mose. Er kennt den Willen Gottes wie kein anderer, weil er "vor" ihnen allen war und ist.

Wie aber, so fragt man sich, kann eine solche Lehrautorität der gemeinsamen Gegenwart von Jung und Alt dienen, statt zu erdrücken?

Eine erste Antwort gibt Mt 23, 2–3:

"Auf den Lehrstuhl des Mose haben sich die Schriftgelehrten und Pharisäer gesetzt. Alles nun, was sie euch sagen, das tut und befolgt, nach ihren Werken aber handelt nicht, denn sie reden zwar, handeln aber nicht."

Jesu Wort und Tat (seine "Werke", wie es das Johannesevangelium nennt) sind identisch. Sie legen sich gegenseitig aus, sind deckungsgleich. So ist schon der wortlose Umgang der JüngerInnen mit Jesus eine Lehre, die menschliches Leben zurückbindet an den Ursprung und ihm so Halt gibt:

"Schaut auf die Vögel des Himmels: sie säen nicht, sie ernten nicht und sammeln nicht in Scheunen, und euer himmlischer Vater ernährt sie. Seid ihr nicht viel mehr (wert) als sie?" (Mt 6,26)

Der von Anfang an war, in dem die Schöpfung gründet, er kann die ganze Schöpfung in seiner Lehre als „Beweis" für ein begründetes Selbstwertgefühl des Menschen heranziehen und die Sorge um sein Daseindürfen von dessen Schultern nehmen (vgl. Mt 6,27.34), denn: „Euer himmlischer Vater weiß ja, daß ihr das alles braucht."(6,32).

So vermag der von so weit Herkommende und alles Umspannende Hoffnung bei denen zu erwecken, die nicht mehr wissen, wozu sie überhaupt dasein und die Last des Menschenlebens auf sich nehmen sollen. Und deshalb ist seine Vollmacht heilsam, weil er der von alters her Erhoffte ist, von dem der Prophet Jesaja sagt:

> „Das geknickte Rohr wird er nicht brechen und den glimmenden Docht nicht auslöschen." (Mt 12,20)

Sich gestalten lassen

Schauen wir auf die Lernenden um Jesus, dann wird deutlich, daß Vertrauen zum Vater, zur Väterlichkeit Gottes, heißt, sich gestalten zu lassen, wie es Rosenstock-Huessy vom Schüler erwartet.

Obwohl die Evangelien nur einmal die Schüler direkt die Bitte um Belehrung aussprechen lassen, nämlich die, über das rechte Beten unterrichtet zu werden (vgl. Lk 11,1), ist es stets die Hoffnung, zur eigentlichen Gestalt des Menschseins geformt zu werden, welche die JüngerInnen zu dem Lehrer Jesus treibt. Sie drückt sich aus in Fragen wie der des reichen Jünglings:

> „Meister, was muß ich tun, um ewiges Leben zu erlangen?"
> (Mt 19,16)

oder der des Petrus:

> „Sieh, wir haben alles verlassen und sind dir nachgefolgt.
> Was wird uns zuteil werden?" (Mt 19,27)

Der Wille, sich vom Lehrer gestalten zu lassen, zeigt sich ja darin, vorher „leer" geworden zu sein von allem, um aufnehmen, lernen zu können.

Der Evangelist Matthäus hat die Jesusunterweisung in fünf großen Redeblöcken angeordnet. An ihnen lassen sich am besten
einige Grundzüge der Lehre Jesu und des Lernens der Jünger
aufzeigen.

Da ist zunächst die umfangreichste und wohl bekannteste
„Rede" Jesu, die sogenannte Bergpredigt (Mt 5–7). Die Offenheit, sich vom Lehrer gestalten zu lassen, zeigt sich zunächst
einmal darin, sich von ihm den Wert und die Bestimmung der
eigenen Person zusprechen zu lassen:

„Ihr seid das Salz der Erde ... Ihr seid das Licht der Welt ..."
(Mt 5,13–14)

Erst aufgrund dieser Zusage ist dann Wegweisung in dem Sinn
möglich, daß auch eine Richtung für das Handeln gegeben
wird:

„So soll euer Licht leuchten vor den Menschen ..." (5,16)

Eindrucksvoll bekundet sodann der folgende Teil über die „Erfüllung des Gesetzes", wie der Lehrer zurückgreift auf das, was
bisher war, so daß es die unabdingbare Voraussetzung für das
Heute wird. Lehren hat stets mit Vermittlung der Tradition zu
tun, mit der Übergabe dessen an die nächste Generation, was
den „Alten" kostbar ist.

Nur geht es dabei nicht um bloße Weitergabe eines unverän-
derlichen Gutes, sondern um Aneignung mit dem Blick auf die
Zukunft: In diesen jungen Menschen, den Jüngerinnen und
Jüngern, soll weiterleben bis zum Ende der Welt, was menschliches Leben lebenswert und kostbar macht. Mit dem „Ich aber
sage euch" entwirft der Lehrer Jesus diese Perspektive des Han-
delns: Es kommt auf die Gesinnung an, auf das Herz, nicht den
Buchstaben der Vorschrift. Nur so kann das, was gemeint war
und ist, weiterleben.

Was Jesus in die Herzen derer, die ihn überleben, seiner
SchülerInnen, einpflanzen will, ist die Liebe, die grenzenlos
ist wie Raum und Zeit:

„Ich aber sage euch, liebet eure Feinde!" (Mt 5,44).

Der Zielpunkt einer solchen Bewegung kann nur Gott selbst sein:

> „Sammelt euch nicht Schätze auf Erden … Sammelt euch vielmehr Schätze im Himmel. Denn wo dein Schatz ist, da wird dein Herz sein." (6,19–21)

Der Wille des Schülers, sich vom Lehrer gestalten zu lassen, findet seinen deutlichsten Ausdruck in dem Bestreben, wie der Meister zu werden:

> „Der Jünger ist nicht über dem Meister … Es ist genug für den Jünger, wenn er wie sein Meister … wird." (Mt 10, 24–25)

Die Evangelien sprechen von „Nachfolge", was bedeutet, in die Schicksalsgemeinschaft mit dem Lehrer einzutreten und den Weg nachzugehen, den er geht und weist.

Aber dies ist kein bloßes Nachahmen, um eine Kopie des Meisters zu werden, sondern die Dynamik weist darüber hinaus: Auch der Lehrer Jesus will durch sein Lehren in den Jüngern derart Gestalt gewinnen, daß sie für ihn über seinen Tod hinaus Leben bis zum „Jüngsten Tag" verkörpern. Er braucht auch sie, um an das Leben über den Tod hinaus zu glauben.

Wenn er ihnen in den Gleichnissen (Mt 13) vom Himmelreich redet, seiner Kostbarkeit und seinem wundersamen Wachstum im Bild der selbstwachsenden Saat, dann sät er zugleich in sie alle Zukunft dieses Gottesreiches, das sich im liebenden Miteinander von Menschen verwirklichen soll und anders nicht wachsen kann.

Vaterschaft in dieser Weise zu erfahren, bedeutet für die JüngerInnen immer wieder erneut, sich von Jesus „belehren" zu lassen: sich von ihm ihre Bestimmung zusagen und sich für den von ihm gezeigten Weg stärken zu lassen.

Tatsächlich heißt das für sie, sich von ihm in die Haltung des *Kindes* führen zu lassen: das Kind in ihnen zu erwecken, das sich vertrauensvoll öffnen kann.

Nicht zufällig beginnt deshalb die „Jüngerschaftsrede" im 18.

Kapitel des Matthäusevangeliums damit, daß Jesus ein Kind in ihre Mitte stellt:

> „Wahrlich, ich sage euch, wenn ihr nicht umkehrt und werdet wie die Kinder, so werdet ihr nicht in das Himmelreich eingehen." (Mt 18,2–3)

Belehrung, die darauf zielt, dem Schüler Hoffnung zu geben, um *seinen* Weg zu gehen, wird dessen Bereitschaft, sich gestalten zu lassen, erwecken. Und dies geschieht, indem das Kind in ihm lebendig wird. Mit dessen Offenheit und Aufnahmebereitschaft kann der Schüler nachvollziehen, was der Lehrer Jesus in den Gleichnissen vom verirrten Schaf (Mt 18,12–14) und vom barmherzigen König, der die unbezahlbare Schuld erläßt (18, 23 ff.) an Lebensperspektive anbietet: daß Irrtum und Schuldigwerden nicht tödlich sein müssen, sondern Wege, um Gott als den zu erfahren, der das LEBEN will.

Lernen heißt dann wahrzu*nehmen*, daß in mir immer schon die Talente bereit liegen, mit denen es zu wuchern gilt, ein Vermögen, das aufs Spiel gesetzt werden muß, und das nicht vor lauter Angst vergraben werden darf (vgl. Mt 25, 14 ff.).

Ist ein Therapeut für den Klienten immer auch ein „Guru", ein spiritueller Lehrer? Oder sollte er es sein?

Zweifellos kommen Ratsuchende zu ihm mit der Erwartung, zu erfahren, wo's lang geht, um endlich zu innerem Frieden und Lebensperspektive zu kommen, oder einfacher, von den lästigen Symptomen befreit zu werden. Somit ist die Versuchung für den Therapeuten immer da, zum Guru zu werden, dem der Klient mit blindem Vertrauen folgt.

Unbestreitbar ist mit der bereits angesprochenen Vaterübertragung auch ein Stück weit die Autorität des Lehrers gegeben, die zum Urbild des Väterlichen gehört.

Dennoch sollte kein Zweifel daran gelassen werden, daß jede Führung in der Therapie dazu dienen muß, den Klienten auf den *eigenen* Weg zu bringen, den nur er selbst, bzw. sein *innerer Lehrer*[112] weiß.

An dieser Stelle wird auch die Grenze deutlich, Jesus zum Vorbild für einen heutigen Psychotherapeuten zu machen. Wohl ist er Leitbild im väterlichen Handeln des Therapeuten. Aber Jesu Autorität läßt sich nicht einfach übertragen. Kein Therapeut dürfte „Nachfolge" verlangen.

In einer anderen Hinsicht allerdings übernehmen heutzutage immer mehr Therapeuten einen Aspekt der „Lehrtätigkeit" Jesu, indem sie Weisheitsgeschichten aus verschiedenen Traditionen verwenden, um die Lebensgeschichte des Klienten in diesen Strom einzubetten und sie heilend neu zu lesen.[113] Hier liegt möglicherweise ein noch wenig erforschter Weg psychotherapeutischer Arbeit. Auf jeden Fall kann der Klient auf diese Weise den Vater als Lehrer auf sehr konkrete Weise erleben. Indem dieser sich zurücknimmt und das Lebensproblem des Klienten in der „Vorzeit" des breiten Stroms menschheitlicher Lebensweisheit festmacht, kann er unter Umständen dazu beitragen, die Not des Klienten zu „relativieren" und Hoffnung auf eine Lösung zu erwecken.

3. VATER: Schutz und Hilfe

Der gerechte Herrscher

Das Bedürfnis nach Geborgenheit und Schutz ist ganz tief im Menschen verankert. Obwohl es zweifellos in erster Linie mit der Mutter verbunden ist, deren Uterus das werdende Leben individuell schützt, richtet es sich doch auch auf die Gestalt des Vaters, der als der „Hausherr" den sozialen Mutterschoß der Familie nach außen hin gegen Gefahren verteidigt und machtvoll sichert. Zu allen Zeiten wurde und wird die Fähigkeit, Schutz zu gewähren und in der Not helfend zur Seite zu stehen, mit der Figur des Herrn, des Königs und Herrschers verbunden. Nur wer Schutz gewähren kann, darf herrschaftliche Funktionen ausüben und auf Gefolgschaft rechnen.

Wir müssen uns bewußt machen, daß über viele Jahrhunderte auch im europäischen Raum diese Prinzipien von Macht und Herrschaft, ja von Ordnung überhaupt, gegolten haben. Das mittelalterliche Lehnswesen, das erst in den Wirren der französischen Revolution endgültig zerbrach, gründete auf diesem Verhältnis eines Schutz gewährenden Gefolgssherrn und den Gefolgsleuten. Eine der bekanntesten mittelalterlichen Dichtungen, der „Heliand", stellt deshalb auch Jesus als Gefolgsherrn dar, um ihn den Germanen nahezubringen.

Herrschaft war personengebunden, weil sie ganz konkret die Fähigkeit, Hilfe geben zu können, und das Bedürfnis, vor Feinden geschützt werden zu wollen, verbunden hat.

Auch die alttestamentliche Auffassung vom König und seinen Aufgaben ist an diesen Grundbedürfnissen orientiert. Der immer neu erwartete ideale König, der einst von Gott zu sendende „Messias", wird gerecht regieren. Und das bedeutet in erster Linie, daß er sich für die Armen und Entrechteten einsetzt und ihnen Schutz und Hilfe zuteil werden läßt:

„Verleih dein Richteramt, o Gott, dem König,
dem Königsohn gib dein gerechtes Walten!
Er regiere dein Volk in Gerechtigkeit
und deine Armen durch rechtes Urteil ...
Er wird Recht schaffen den Gebeugten im Volk,
Hilfe bringen den Kindern der Armen,
er wird die Unterdrückten zermalmen ...
Er rettet den Gebeugten, der um Hilfe schreit,
den Armen und den, der keinen Helfer hat.
Er erbarmt sich der Gebeugten und Schwachen,
er rettet das Leben der Armen."
(Psalm 72, 1–2.4.12–13)

Das ist die Messiaserwartung, der sich auch Jesus ausgesetzt sah, als er mit dem Anspruch vor die Menschen trat, Gottes rettendes Handeln anzukündigen: Das Reich Gottes ist nahe! (Mk 1,15). Obwohl sich der historische Jesus sicher von den

politischen Erwartungen der zeitgenössischen Messiashoff-
nungen distanzierte und deshalb den Titel nicht für sich be-
anspruchte, ja ihn wohl auch deutlich abwies, hat er den Aspekt
des Schutzes und der Hilfe für die Armen und Unterdrückten
in sein Selbstverständnis aufgenommen.

Auch wenn die bei Lukas entworfene Szene der feierlichen „An-
trittsrede" Jesu in der Synagoge von Nazareth auf die Kompo-
sition des Evangelisten zurückgeht, dürfte sie dennoch den
Kern dessen treffen, wozu Jesus sich berufen und beauftragt
fühlte:

> „Er öffnete das Buch (des Propheten Jesaja) und fand die
> Stelle, wo geschrieben steht:
> „Der Geist des Herrn ruht auf mir, weil er mich gesalbt hat;
> er hat mich gesandt, Armen Frohbotschaft zu bringen, den
> Gefangenen Befreiung zu verkünden und den Blinden das
> Augenlicht, Bedrückte in Freiheit zu entlassen, auszurufen
> ein Gnadenjahr des Herrn." (Lk 4,18–19)

Der Evangelist Lukas hat in seiner Darstellung des Wirkens Jesu
diesem Aspekt der schützenden Fürsorge besondere Aufmerksamkeit geschenkt. Die „Menschenfreundlichkeit" Gottes, seine von Jesus dargestellte Väterlichkeit, findet darin nach ihm
ihren sprechendsten Ausdruck. Deshalb finden wir in diesen
Evangelientexten auch die eindrucksvollsten Bilder schützen-
der Väterlichkeit.

Der Freund der Sünder

Der Vater als Schutzmacht kommt in der Begegnung Jesu mit
den Menschen seiner Zeit zuerst einmal dort zum Ausdruck,
wo er sie in Schutz nimmt gegen Abwertung und Verurteilung.
Zur Zeit Jesu waren dies vor allem Menschen, die von den an-
erkannten religiösen Autoritäten als „Sünder" gebrandmarkt
wurden, weil sie sich nicht nach den Normen verhielten, welche diese für unabdingbar hielten, um als vollwertiges Mit-

glied des Volkes Gottes zu gelten. In exemplarischer Weise schildert Lukas dies anhand folgender Geschichte:

„Eine Frau, die als stadtbekannte ‚Sünderin' galt, erfuhr, daß Jesus bei einem Pharisäer zu Gast war. Sie wagte sich in das Haus, trat weinend rückwärts an seine Füße heran und begann sie mit ihren Tränen zu benetzen. Sie trocknete sie mit ihren Haaren, küßte und salbte sie mit Öl.

Jesus spürte die Ablehnung des Pharisäers, die folgerichtig auch Jesus mit einbezog:

„Wenn der ein Prophet wäre, wüßte er, was das für eine Frau ist, die ihn berührt. Sie ist ja eine Sünderin."

Jesus reagiert darauf, indem er die Frau aufwertet: Während der Pharisäer nach den Worten Jesu nicht einmal die Regeln der Höflichkeit einhielt, hat diese Frau durch ihr Tun gezeigt, daß sie mit großer Kraft lieben kann. (Vgl. Lk 7, 36–47)

In vielen Heilungsgeschichten wird deutlich, wie Jesus die von seelischer und körperlicher Not Geschlagenen mit einem Schutzraum umgibt, um ihnen zu ermöglichen, zu sich zu kommen.

In der Erzählung von der Auferweckung der Tochter des Synagogenvorstehers Jaïrus (Mk 5 Parr.) heißt es ausdrücklich, daß er alle lärmenden Menschen aus dem Haus warf und erst dann in die Kammer des Mädchens geht, um ihre Hand zu ergreifen (Mk 5,40f.).

Aussagekräftig ist auch das Bild, das die Evangelisten von dem geheilten Besessenen zeichnen, wenn sie ihn, der vorher selbstzerstörerisch um sich schlug und nicht zu bändigen war, nun ruhig bei Jesus sitzen lassen. (Mk 5,15), so als könne ihm in seinem Schutz niemand etwas antun.

Wie fürsorgend geht Jesus mit dem Blinden um, den man zu ihm bringt: Er nimmt ihn bei der Hand, legt ihm später die Hände auf die Augen und schickt ihn nach Hause (Mk 8,22–26).

Besonders einprägsam aber hat der Autor der Szene mit der

Ehebrecherin, die sich im achten Kapitel des Johannesevangeliums findet, den schützenden Jesus vor Augen gestellt:

„Als Jesus im Tempel lehrt, bringen die Schriftgelehrten und die Pharisäer eine Frau, die beim Ehebruch ertappt worden war, vor Jesus:

,Meister, diese Frau ist auf frischer Tat beim Ehebruch ertappt worden. Im Gesetz aber hat uns Mose geboten, eine solche zu steinigen. Was sagst du nun?'

Statt zu antworten schreibt Jesus mit dem Finger auf die Erde und hält den hartnäckigen Anklägern, die immer weiterbohren, entgegen:

,Wer von euch ohne Sünde ist, werfe den ersten Stein auf sie.'

Die Gesetzeslehrer gehen einer nach dem anderen weg und Jesus bleibt mit der Frau alleine zurück.

,Hat dich keiner verurteilt?', fragt er sie. Die Frau bestätigt es.

,Auch ich verurteile dich nicht!', sagt Jesus." (Vgl. Joh 8, 2–11)

Es geht hier nicht nur darum, daß Jesus die Frau regelrecht vor dem Tod durch Steinigen geschützt hat. Er relativiert vielmehr dadurch, daß er die Frau vor der Verurteilung schützt, eine andere väterliche Funktion, die dazu in einer Spannung steht: die der Ordnung und Gesetzgebung, von der noch zu reden sein wird.

Während die steinernen Tafeln des mosaischen Gesetzes, auf das sich die Schriftgelehrten und Pharisäer berufen, den Menschen zu erschlagen drohen, wenn er die Gebote nicht befolgt, schreibt Gottes Finger durch Jesus das Gesetz neu: nicht eingraviert in Granit, sondern in Sand gemalt, in den Staub als Sinnbild der menschlichen Schwäche und Hinfälligkeit gezeichnet, nicht für ewig, sondern vorübergehend, so daß der Wind es verwehen kann.

So sicher Jesus die politischen Erwartungen zurückweisen mußte, die sich an den Titel des Messias knüpften, so wenig konnte er sich doch dem entziehen, daß sich die Hoffnungen auf einen Heilsbringer an seiner Person und seinem Auftreten in der Öffentlichkeit festmachten.

Solche Erwartungen sind nach C.G. Jung in der menschlichen Seele verankert, und sie richten sich stets auf eine väterliche Gestalt. Insofern gehören sie also zu den archetypisch geprägten „psychischen Energien", die das Urbild des Vaters auf sich zieht.

Die Zurückhaltung, die der historische Jesus aus verständlichen Gründen noch an den Tag legte, wenn er vom Reich Gottes sprach, konnte die spätere neutestamentliche Überlieferung aufgeben.

Sie zeichnete in ihren Christusgeschichten den Retter von Tod und Chaos mit den Farben, die ihr die mythische Überlieferung an die Hand gab.

Grundlage solcher Texte ist freilich – das darf man nicht vergessen – die Jesuserfahrung, die sich mit solchen Szenen wie der von Joh 8 verband, wo Jesus Menschen sehr real vor dem sicheren Tod bewahrte. Jesu Aussage „Wer mich sieht, sieht den Vater" reicht nach frühchristlicher Auffassung allerdings ohne weiteres über seine irdische Existenzweise hinaus und bezieht die Glaubenserfahrungen der ersten Christengeneration mit ein. Deshalb dürfen auch diese Texte zu Recht als Zeugnis für den Jesus, der väterlichen Schutz gewährt, herangezogen werden. Denn letztendlich bezieht sich ja das menschliche Suchen nach Schutz und Geborgenheit auf eine Lebenszusage, welche die Absurdität des Todes auch noch überschreitet und davor nicht kapitulierend Halt macht.

Die Evangelienüberlieferung hat in der Geschichte vom Seesturm und seiner Stillung durch Jesus (Mk 4,35–41 Parr.) dieser Überzeugung Ausdruck gegeben, daß der Vater-Gott ein rettender Gott ist, der in der Person Jesu seine Hand ausstreckt, um uns nicht im Chaos äußerer oder innerer Gewalten umkommen zu lassen.

Die Mitte dieser kurzen Geschichte, in der die Jünger durch den Sturm in Seenot geraten und den schlafenden Jesus wecken, ist das Stichwort „zugrunde gehen".

So sehr die neutestamentliche Erzählung den mythologischen Hintergrund – die Chaoswasser als verschlingendes Meeresungeheuer – nur noch ahnen läßt (Jesus herrscht die See an: „Schweige, sei still!" [Mk 4,39]), sie läßt dennoch an der existentiellen Bedrohung der Jünger keinen Zweifel.

Wie sehr diese Thematik die frühe Glaubensdeutung beherrschte, zeigt die Tatsache, daß sie sich in einer zweiten Fassung im Markusevangelium (6,45–51) und im Johannesevangelium (6,16–21) findet. Diesmal kommt Jesus erst nachträglich zu ihnen und sie glauben, es mit einem Gespenst zu tun zu haben. Ihre Todesangst ist deswegen nicht kleiner.

Der Evangelist Matthäus gestaltet die Szene noch persönlicher auf Petrus zugeschnitten aus: Als dieser auf Jesus zugehen will, „sieht er den Wind", wie es heißt, fürchtet sich und beginnt zu sinken. Und so schreit er nach dem Retter: „Herr, rette mich!" (Mt 24,30). Und der Text fährt fort:

> „Sogleich streckte Jesus seine Hand aus, ergriff ihn und sprach zu ihm: ‚Du Kleingläubiger, warum hast du gezweifelt?'" (14,31)

Man kann verstehen, daß dieser Petrus in der christlichen Überlieferung zum Beispiel dafür wurde, daß uns die Angst in die Tiefe zu ziehen droht und es dann darauf ankommt, die rettende Hand zu ergreifen. Was mag nicht alles im menschlichen Leben für den Sturm stehen, vor dem wir uns fürchten, daß wir zu versinken drohen?

Insofern hält diese urchristliche Geschichte einen ganz zentralen Inhalt der Jesuserfahrung fest.

Das Thema der schützenden Rettung ist auch mit dem Bild des Hirten verbunden, das uns bereits im Zusammenhang mit dem Hereinholen des Ausgeschlossenen begegnete. Im Johannesevangelium ist das Thema der Rettung auf den Schutz der Schafe vor dem Wolf bezogen, der die Schafe raubt und reißt. Der gute Hirte aber flieht nicht, sondern stellt sich schützend vor sie, sogar mit dem Risiko, dafür selbst sein Leben lassen zu müssen (vgl. Joh 10, 11–15).

Auch für diesen Aspekt des Vatersymbols, den Herrscher als rettende Gestalt, verbietet sich eine Parallelisierung mit der Therapie.

In der Gestalttherapie und der Transaktionsanalyse (TA) wird das Dreieck Opfer-Verfolger-Retter benutzt, um klarzumachen, daß es nicht die Aufgabe des Therapeuten sein kann, Retter zu spielen. Er wird dabei unweigerlich in die Rolle des Verfolgers und Opfers kommen, wenn das scheinbar so schwache Opfer sich nicht retten lassen will und nun seinerseits zum Verfolger wird.

Der Retter-Aspekt der Vatersymbolik weist also psychodynamisch über sich hinaus auf eine religiöse Sehnsucht.

Wo und wenn diese Sehnsucht unerfüllt bleibt, ist sie allerdings leicht zu mißbrauchen, wie uns Deutsche die Geschichte des „Dritten Reiches" gelehrt hat.[114]

4. VATER: Lebensmacht und Lebensordnung

Das Leben begegnet uns in vielfältigen Formen, aber stets mit dem Anspruch, in seiner Wirklichkeit geachtet und wahrgenommen zu werden.

Im „Vater" trifft uns dieser Anspruch in einer spezifischen Weise: als Macht und Ordnung. Nicht zufällig assoziieren die meisten Menschen zu „Vater" Begriffe wie Gesetz, Forderung, Erlaubnis und Verbot, Strafe. Angst vor dem Vater ist in seiner

Kraft und Stärke begründet, die ihm Überlegenheit gibt und die Macht, seinen Willen auch gegen Widerstände durchzusetzen. Stock und Stab, oft in der Form des scharfen Schwertes sind seit alters Insignien dieser Macht, vor der Gesetzesbrecher sich zu fürchten haben.

So sehr gerade diese Seite des Vater-Archetyps in der Geschichte der Völker und der Familien immer wieder die Oberhand über alle anderen Aspekte gewann und zu unzähligen Tragödien führte; so sehr deshalb heutzutage diese Seite als schreckliches Erbe im Leben des einzelnen und ganzer Nationen verurteilt und verdrängt wird: tiefenpsychologisch gesehen läßt sie sich vom „Vater" nicht trennen und muß ins Vaterbild integriert werden, wenn das Symbol VATER nicht unvollständig sein soll. Fehlt ihm nämlich ein wichtiger Aspekt, dann kann es nicht die Lebensmacht symbolisieren, die wir Gott nennen, weil es wichtige Erfahrungen ausschließt.

Auch zur Vaterdarstellung in Jesus gehört deshalb der Bereich, in dem unbedingter Anspruch, Forderung, Strafe und Gericht eine zentrale Rolle spielen. Er darf nicht einfach deshalb ausgeklammert werden, weil es schwierig ist, ihn gleichzeitig mit Jesu allumfassender Liebe zu denken. Die Seele hat ihre eigenen Gesetze, die nicht die des logisch denkenden Verstandes sind.

Die Forderung, geachtet zu werden

Die Wirklichkeit dessen, was wir mit Gesetz und Ordnung, Ethik und Moral, Gewissen und Verpflichtung zu umschreiben pflegen, hat seit jeher religiöse Begründungen erfahren: Die Götter selbst haben Ordnungen, die menschliches Zusammenleben regeln sollen, auf die Erde gebracht und wollen dafür entsprechend geehrt werden.

Das ist kein Wunder, wenn wir daran denken, welcher letztlich rätselhafte Vorgang in der Tatsache beschlossen ist, daß da ein

Lebewesen – genannt Mensch – die naturhaften Ordnungen, die er selbst auch verkörpert, überschreitet. Das halten wir für so selbstverständlich, daß es uns in der Regel nicht mehr auffällt. Und doch bleibt es ein zutiefst fremdartiger Vorgang, der eine Quelle unzähliger seelischer Konflikte ist und sein wird.

Dies gilt auch für die Jesusbegegnungen des Neuen Testaments. Ein Teil dieser Überlieferungen spiegelt die Auseinandersetzung der herrschenden Autoritäten mit dem Anspruch Jesu wider, Gesetz und Ordnung in gültiger Weise darzustellen und Fehlformen zu entlarven.

Es ist also keineswegs so, als hätte Jesus beides abgeschafft, weil er sie bei den Gesetzeslehrern der damaligen Zeit in einer lebensfeindlichen Form vorfand. Das ist schon deshalb unwahrscheinlich, weil er selbst als Jude erzogen wurde, zu dem Volk also gehörte, in dem das GESETZ als beherrschender Ausdruck des Vaterseins Gottes empfunden wurde. Ihm ging es nur darum, in seiner Person die Lebensordnung sichtbar werden zu lassen, die unverfälscht den „Willen Gottes", die ursprüngliche Form, darstellt. Zugleich mußte genau dieser Anspruch zum tödlichen Konflikt mit einem Gesetzesverständnis führen, das zum großen Teil diese Lebensordnung in eine Fülle von Einzelgeboten aufsplitterte und deren Befolgung zur Grundlage richtigen Lebens machte.

Daß Gott als Vater Lebensmacht ist, zeigt sich in der Art und Weise, wie Jesus auftrat und für seine Person Anerkennung forderte.

Schon die älteste Überlieferung, die nach Markus, schildert die Wirkung von Jesu Auftreten derart, daß die Menschen vom Gewicht seiner Persönlichkeit beeindruckt waren:

„… denn er lehrte wie einer, der Macht hat." (Mk 1,22; vgl. Lk 4,32)

Diese Macht, die sich in Jesus zeigt, ist andererseits lebensfördernde Kraft:

„Staunen überkam alle und sie redeten untereinander und

sprachen: ‚Was ist das für ein Wort? In Vollmacht und Kraft gebietet er den unreinen Geistern und sie fahren aus.‘ "(Lk 4,36)

Der Menschensohn (Jesus) hat die Macht, Sünden zu vergeben (Mk 2,10), um so alles Lebensfeindliche zu entfernen.

Doch die Macht ruft nicht nur Erstaunen hervor, sondern auch Widerstand und tödlichen Haß (vgl. Mk 3,6: Sie hielten Rat, um ihn zu vernichten).

Was der, der sehen will, in Jesus „schauen" darf, ist die Vatermacht Gottes in ihrer unbedingte Anerkennung fordernden Gestalt, nicht weil sie erdrückend ist, sondern weil sie dem tiefsten Bedürfnis des menschlichen Herzens entspricht:

„Selig die Augen, die sehen, was ihr seht.

Denn ich sage euch: Viele Propheten und Könige sehnten sich zu sehen, was ihr seht, und haben es nicht gesehen, und zu hören, was ihr hört, und haben es nicht gehört." (Lk 10,23–24)

Diese Lebensmacht, die zum Wohl des Menschen anerkannt werden soll, zeigt sich in den Texten des Neuen Testaments vor allem darin, daß Jesus die negativen Kräfte besiegt und damit für das „Reich Gottes" Raum schafft:

„Wenn ich durch den Finger Gottes die Dämonen austreibe, ist das Reich Gottes zu euch gekommen." (Lk 11,20)

Die frühen christlichen Gemeinden waren überzeugt, daß diese Macht stärker ist als die der Mächtigen, die Jesus zu Tode bringen konnten.

Der Schluß des Matthäusevangeliums läßt den Auferstandenen programmatisch formulieren:

„Mir ist alle Gewalt gegeben, im Himmel und auf Erden." (Mt 28,18)

Entscheidung

Väterliche Lebensmacht drängt offensichtlich auf bestimmte Ordnungen, setzt Normen und birgt so in sich Scheidung und Entscheidung. In ihrem Umkreis ist von Recht und Unrecht, von Richtern und Gericht die Rede, weil es um richtiges oder falsches Leben geht.

Folgerichtig ruft auch Jesus, der den VATER verkörpert, zu Entscheidungen, die tief und einschneidend sein können.

Der Evangelist Lukas läßt den greisen Simeon – Urbild der Weisheit – diese Wahrheit der Existenz Jesu bereits zu Beginn seiner Darstellung aussprechen: Das erst wenige Wochen alte Kind wird ihm in die Arme gelegt, er segnet die Eltern und prophezeit ihnen:

> „Siehe, dieser ist gesetzt zum Falle und Aufstehen vieler in Israel und zu einem Zeichen, dem widersprochen wird …"
> (Lk 2,34).

Konflikthaft ist dementsprechend der Lebensweg Jesu in den Evangelien geschildert. Ausnahmslos berichten alle davon, daß Jesus die Menschen in Befürworter und Gegner gespalten hat. Der Zwiespalt wird nicht nur in die kleinsten Gemeinschaften der Familien hineingetragen; er berührt den Menschen im Innersten, ergreift sein Herz:

> „Sammelt euch nicht Schätze auf Erden, wo Motten und Wurm sie zerstören. Sammelt euch vielmehr Schätze im Himmel …
>
> Denn wo dein Schatz ist, da wird auch dein Herz sein.
>
> Niemand kann zwei Herren dienen. Denn entweder wird er den einen hassen und den anderen lieben oder dem einen anhangen und den anderen verachten. Ihr könnt nicht Gott dienen und dem Mammon." (Mt 6, 19–21.24)

Es geht fraglos um Entscheidungen, die das Lebenskonzept als ganzes betreffen: Worauf will ich bauen, was ist wirklich wichtig und lohnt die Mühe, wie finde ich zu mir selbst so, daß ich zugleich mich hinzugeben bereit bin an das, was mich trägt, hält und überdauert, das LEBEN?

> „Glaubt nicht, ich sei gekommen, Frieden auf die Erde zu bringen. Ich bin nicht gekommen, Frieden zu bringen, sondern das Schwert. Denn ich bin gekommen, den Menschen zu entzweien mit seinem Vater und die Tochter mit ihrer Mutter und die Schwiegertochter mit ihrer Schwiegermutter. Und die Feinde des Menschen werden seine (eigenen) Hausgenossen sein." (Mt 10, 34–36)

Erfahrungen im Rahmen tiefenpsychologisch orientierter Praxis heben diese fundamentale Wahrheit Jesu in helles Licht:

Um mein mir von Gott gegebenes Leben zu leben, den Sinn *meines* Lebens zu finden, ist es absolut notwendig, die innerlichen(!) Bindungen an die „Hausgenossen" aufzugeben. Sonst werden sie die eigentlichen Widersacher bei der Suche nach mir selbst und Gott.

Vaterschaft zeigt sich hier als ein unbedingter Anruf zur Selbstwerdung, zur Vereinzelung und damit zur Lösung von der Mutter. „Mutter" meint in diesem Zusammenhang nicht die konkrete Frau, sondern – beide Geschlechter betreffend – tiefenpsychologisch das Bergend-Naturhafte, das Gebundensein an Triebe und Sinne, eine Macht, die mich unwiderstehlich in sich hineinzieht. In ihr bin ich nur eine Woge im Meer des Lebens, nicht verantwortlich oder unterschieden von Abertausenden von anderen Wogen.

Der Radikalität der Forderung Jesu entspricht der Tenor seiner Worte, wo es um die Entscheidung geht, durch die enge Pforte der Selbstwerdung zu gehen und nicht den breiten Weg zu wählen:

> „Tretet ein durch die enge Pforte.
>
> Denn weit ist die Pforte und breit der Weg, der ins Verderben führt, und viele sind es, die auf ihm hineingehen.
>
> Doch eng ist die Pforte und schmal der Weg, der ins Leben führt, und wenige sind es, die ihn finden." (Mt 7,13–14).

Mit der Unbedingtheit der Forderung, sich für den schmalen Weg zu entscheiden, tritt Jesus zweifellos in die Fußstapfen der alttestamentlichen Propheten. In ihrer Mahnpredigt ist die Drohung mit dem „Tag Jahwes", an dem die Unbußfertigen gerichtet werden, ein fester Bestandteil:

> „Stoßt in das Horn auf Zion, blast in die Trompete auf meinem heiligen Berg! Es sollen zittern alle Bewohner des Landes; denn es kommt der Tag des Herrn, ja nahe ist er ...
>
> Jahwe läßt seine Stimme erschallen vor seinem Heere her, denn gar groß sind seine Scharen und mächtig, die seinen Willen vollstrecken; denn groß ist der Tag Jahwes und gar furchtbar.
>
> Wer wird ihn aushalten? (Joel 2,1.11)
>
> Wehe denen, die den Tag Jahwes herbeisehnen! ... Er ist Finsternis und nicht Licht ..." (Amos 5,18).

Der Gedanke, daß es am Ende eines Gerichts bedarf, um der Gerechtigkeit zum Siege zu verhelfen, ist nicht auf Israel beschränkt. Die Ägypter kannten die Vorstellung eines persönlichen Gerichts beim Tode des einzelnen, die jüdische Überlieferung betont das Weltgericht über die Völker, die nicht nach Recht und Gerechtigkeit im Sinne Jahwes gehandelt haben.

Ganz offensichtlich gehört diese Gerichtsvorstellung zur seelischen Grundausstattung des Menschen. Gerecht und gut zu handeln muß sich letztlich lohnen in einer Welt, wo so viel Ungerechtigkeit und Bosheit geschieht. Das heißt, am Ende müssen die Guten belohnt und die Bösen bestraft werden, sonst scheint dieses Leben unerträglich.

Kant hat in diesem Zusammenhang bekanntlich Gott eingesetzt, der diese ausgleichende Gerechtigkeit vollbringen soll. Die „praktische Vernunft" fordert ihn.

Die Universalität dieses Denkmusters läßt uns verstehen, warum es sich so eng mit „Leben" und „Ordnung" verbindet und deshalb auch die Vatermacht den Gerichtsgedanken einschließt.

Jesus hat den in der jüdisch-prophetischen Tradition verankerten Gedanken ganz selbstverständlich aufgegriffen und eingesetzt, um seiner Umkehrforderung Nachdruck zu verleihen:

> „Darauf begann er den Städten zu drohen, weil sie nicht umgekehrt waren: ‚Wehe dir, Chorazim, wehe dir Betsaida! Denn wenn in Tyrus und Sidon die Machttaten geschehen wären, die bei euch geschehen sind, schon längst hätten sie sich in Schutt und Asche bekehrt. Aber ich sage euch: Tyrus und Sidon wird es erträglicher ergehen am Tage des Gerichts als euch!'" (Mt 11,20–22 [vgl. 23–24])

Der Tag des Gerichts als „Abrechnungstag" ist Jesus vertraut, so daß er ein Bildwort wie das vom Baum und den Früchten (Ein guter Baum bringt gute Frucht, ein schlechter schlechte) wie selbstverständlich abschließen kann mit dem Hinweis auf das Gericht:

> „Ich sage euch: Über jedes unnütze Wort, das die Menschen reden, werden sie Rechenschaft ablegen müssen am Tage des Gerichts ..." (Mt 12,36).

Als Richter ist dabei nicht ohne weiteres Gott selbst vorgestellt, sondern die „Gerechten", diejenigen, die sich bekehrt haben, werden die anderen richten:

> „Die Männer von Ninive werden beim Gericht zusammen mit diesem Geschlecht auftreten und es verurteilen. Denn sie haben sich auf die Predigt des Jona hin bekehrt, und siehe, hier ist mehr als Jona." (Mt 12,41; Lk 11,33).

Dieser Text macht deutlich, daß es Jesus nicht um die Beschreibung irgendwelcher Vorgänge geht, die „am Ende" stattfinden, sondern daß er sich in die Reihe der Propheten stellt, um sich zugleich über sie zu stellen.

Die Drohung mit dem Gericht ist ein *literarisches Mittel*, das die Dringlichkeit der „Bekehrung" hervorhebt.[115] Von daher ist es nicht so entscheidend, ob Jesus bereits selbst oder erst die urchristliche Theologie die entsprechenden Sätze im Neuen Testament formten.

Von der Umkehr hängt alles ab: Entweder der Mensch findet LEBEN, das in ihm Wirklichkeit werden will, oder er scheitert, wofür die Tradition das Bild der Feuerhölle benutzt:

> „Wenn dich deine Hand oder dein Fuß ärgert, so hau ihn ab und wirf ihn von dir. Es ist besser, verstümmelt oder lahm in das Leben einzugehen, als mit beiden Händen oder beiden Füßen ins ewige Feuer geworfen zu werden." (Mt 18,8)

Diese Sätze stehen wohl nicht zufällig in einem Text, der die Verachtung des Kindes zum Thema hat (18, 5–7.10). Daß der Weg zum Leben, symbolisiert im Kind, nur über einen Verlust der Glieder führt, die uns „ärgern", wurde mir durch den Traum einer Klientin klar:

> *„Ich habe ein Kind geboren, das man mir in den Arm legt. Aber ich selbst bin ganz verstümmelt, obwohl ich lebe."*
> *Der „Ärger", den sie mit ihren Gliedern hatte, bestand für sie darin, daß sie diese bisher stets nur dazu benutzte, um etwas zu leisten und sich vor anderen darzustellen.*

Auch in der Person Jesu, zumindest in der Weise, wie ihn uns die Evangelien vor Augen stellen, ist der Aspekt des „Gerichts" vorhanden, den wir als so zentral für die menschliche Gedanken- und Sprachwelt ansehen müssen:

Am Ende seines Lebens werden der Mensch und die ganze Menschheit gerichtet werden, um zu ihrer eigensten Gestalt zu finden, zu dem, was richtig ist und gerecht. Alle Illusionen und Verschleierungen werden fallen.

Die urchristliche Theologie hat diesen Sachverhalt in folgendes Bild gekleidet:

> „Denn der Menschensohn wird kommen in der Herrlichkeit seines Vaters mit seinen Engeln. Und dann wird er jedem vergelten nach seinen Taten." (Mt 16,27).

Als „Bild" des Vaters, das Jesus verkörpert, fordert er die Entscheidung heraus, sich endgültig dem LEBEN zuzuwenden und nicht in der Todeszelle der eigenen Selbstverschlossenheit dahinzuvegetieren.

5. VATER: Schwesterlichkeit und Brüderlichkeit (Menschheitsfamilie)

„Pa", „Abba" oder „Papa" gehört zweifellos zu den menschlichen Urworten schlechthin. Darüber nachzudenken lohnt sich. Mir wurde erst jetzt bei einer Reise nach Indien klar, welche elementare Verbindung unter den Menschen durch diese sprachlichen Grundmuster und den dahinter liegenden Erfahrungen gegeben ist. So verschieden die Sprachen der einzelnen Regionen und Stämme in Indien sind, für Mutter und Vater haben sie alle die Laute „ma" und „pa".

Einen Vater zu haben, heißt zu einer Familie zu gehören, Schwestern und Brüder zu haben. Ein Vaterhaus zu haben, heißt zu wissen, wohin man gehört, wo die Wurzeln sind, aus denen mein individuelles Leben, aber mit ihm tausend Bindungen erwachsen ist.

Somit ist das Symbol VATER stets auf Bindungen und Zugehörigkeit angelegt, welche die enge Zweierbeziehung überschreiten. VATER verweist letztendlich auf umfassende, universale Zusammenhänge, tendiert zur Menschheitsfamilie, in der alle Menschen wie Kinder eines Vaters anerkannt und geliebt sind. In der geistigen Evolution der Menschheit zeigt sich die Kraft dieses Symbols in der Überzeugung vom Stammvater, aus dem einzelne Sippen und Völker, ja die Menschheit selbst hervorgegangen sind. In der jüdischen Überlieferung sind dies „Adam" und „Abraham". Vor allem in der Gestalt Abrahams hat diese Tendenz zum Universalismus eine geistesgeschichtlich prägende Bedeutung gewonnen. Der Name „Vater der Völker" hat die Menschheitsfamilie im Blick und hat in der jüdischen Überlieferung geradezu prophetische Kraft.

Die alte Überlieferung, die uns im ersten Buch der Bibel, dem
1. Buch Mose (Genesis) aufbewahrt ist, faßt diese Prophetie in
eine Geschichte, so wie es hebräischer Denkweise entspricht.
Diese Geschichte spiegelt sich schon im Namen wider: Aus
„Abram"(Ab=Vater) wird Abraham. Die Bedeutung dieses Na-
mens aber wird in eine göttliche Verheißung gekleidet, die bis
heute auf ihre Erfüllung wartet:

> „Durch dich sollen gesegnet sein alle Geschlechter der
> Erde." (Gen 12,3).

> „Du sollst Vater einer Menge von Völkern werden." (Gen 17,
> 4–5).

Das Volk Israel vermochte diesen Universalismus, der sich in
der Gestalt Abrahams als Vatersymbol Ausdruck verschaffte,
nicht immer durchzuhalten. Zu stark waren und sind bis zum
heutigen Tag die Gegenkräfte, welche in Abgrenzung und Unterscheidung das Heil suchen, weil sie glauben, nur so die eigene Identität wahren zu können.

Auch in den anderen Religionen der Menschheit zeigt sich die
völkerumspannende Kraft des Vatersymbols in den „väterlichen Gestalten" der Religionsstifter oder in Gottheiten, die jede
volksmäßige oder geschlechtliche Begrenzung hinter sich lassen und als „Prinzip" einer für alle Menschen geltenden Lebensmacht verehrt werden sollen.

Wir wollen uns hier beschränken auf die Person Jesu, in dem
wir nach der Überzeugung des Johannesevangeliums „den Vater sehen".

Es ist zu erwarten, daß deshalb auch in seinem Leben und seiner Botschaft jene alle Grenzen sprengende Vatermacht Gottes sich ausdrückt.

Zugehörigkeit und Geborgenheit

Wir sprachen bereits davon, daß Jesus die Enge der Herkunfts-
familie gesprengt und eine neue Familie, die der Glaubenden,

vor sich sah: „Wer den Willen Gottes tut, der ist mir Bruder und Schwester und Mutter." (Mk 3,35)

Kindschaft ist vom Vatersymbol her in erster Linie nicht biologische Abstammung, sondern Verbundenheit mit allen Menschen als „Schwestern" und „Brüder" infolge der Beziehung zu dem *einen* Vater, dessen Wille das LEBEN in all seiner Fülle und seinem Reichtum ist:

> „Denn das ist der Wille meines Vaters, daß jeder, der den Sohn sieht und an ihn glaubt, ewiges Leben habe ..." (Joh 6,40)

Das ganze Johannesevangelium will ja den VATER im Sohn sehen lehren, „damit ihr glaubend LEBEN habt in seinem Namen" (Joh 20,31).

Der Name, das Symbol VATER also, begründet die eigene Existenz im Lebenswillen Gottes, verwurzelt das hinfällige Daseins im unergründlichen Lebensgeheimnis. Zugleich bannt es die Angst, die lebensfeindliche Macht schlechthin, weil es Geborgenheit vermittelt:

> „Und fürchtet euch nicht vor denen, die den Leib töten, die Seele aber nicht töten können. Fürchtet vielmehr den, der Seele und Leib in der Hölle verderben kann. Sind nicht zwei Sperlinge feil für ein paar Pfennige? Und doch fällt nicht einer von ihnen zur Erde ohne euren Vater. Bei euch aber sind sogar alle Haare eures Hauptes gezählt. Fürchtet euch also nicht. Ihr seid mehr wert als viele Sperlinge." (Mt 10, 28–31).

Es bedarf keiner ausführlichen Erklärung darüber, daß dieser Text nicht als naturwissenschaftliche Beschreibung, sondern als Bildwort des Vertrauens zu lesen ist, und daß er nur so seine Botschaft zur Sprache bringen kann: Alles Geschehen, so wird gesagt, ist in einem letzten Grund nicht sinn- und haltlos, sondern „getragen" vom Lebenswillen. Der aber entzieht sich verstandesmäßigem Begreifen und erschließt sich nur der vertrauensvollen Hingabe an das LEBEN selbst.

Furcht dagegen versperrt den Zugang. Der „Vater im Himmel"

soll nicht gefürchtet werden, sondern der seelische Tod in der Selbstverschlossenheit, die abschneidet vom LEBEN: seinem Urgrund und seinen „Verkörperungen" in den Schwestern und Brüdern der Menschheitsfamilie.

Die biblische Tradition schreibt diesen Seelenmord dem Teufel zu, einer negativen Macht, die den Menschen beherrschen kann. Vertrauen auf den Vater aber soll die Angst bannen, die uns zu immer neuen Sicherungen greifen läßt, um das Leben festzuhalten, statt uns ihm anzuvertrauen:

> „Sorget euch nicht um euer Leben, was ihr essen werdet, noch um euren Leib, was ihr anziehen werdet. Ist nicht das Leben mehr als die Nahrung und der Leib mehr als das Kleid? Schaut auf die Vögel des Himmels: Sie säen nicht, sie ernten nicht und sammeln nicht in Scheunen, und euer himmlischer Vater ernährt sie. Seid ihr nicht viel mehr (wert) als sie? Wer aber vermag mit seinen Sorgen seiner (Lebens-)Länge eine einzige Elle hinzuzufügen? ...
>
> Sorget euch also nicht um den morgigen Tag, denn der morgige Tag wird für sich selber sorgen. Jeder Tag hat genug an seiner eigenen Plage." (Mt 6,25–27.34)

Entgrenzungen

Das Vatersymbol drängt auf Entgrenzung, sowohl in der Biographie des einzelnen als auch in der Menschheitsgeschichte. In der Regel ist es der Vater, der dem Kind Schritte in die weite Welt zeigt, der die (zu) enge Bindung an die Mutter aufbricht, der Mut macht zum Wagnis.

In der Religionsgeschichte sind es die Vatergötter, welche die Verhaftung an die Erde in Form der lokalen Muttergottheiten aufbrechen und „himmlische", d.h. die Erde überspannende Dimensionen eröffnen.

In der jüdischen Überlieferung ist das besonders deutlich: Jahwe ist kein Lokalgott, sondern er zieht mit in fremde Länder, heißt den Menschen sich vom Angestammten zu lösen und gewinnt – zumindest in der prophetischen Botschaft – Züge eines universalen Gottes, der die ganze Welt schuf und den alle Menschen zum Vater haben.

Jesus steht zweifellos auch hierin in der prophetischen Tradition und führt sie zu letzter Klarheit: Gott ist als VATER der Gott *aller* Menschen und schließt niemandem vom LEBEN aus.

Diese Entgrenzung zeigt sich nicht nur in der Art und Weise, wie Jesus mit den Menschen umgeht, wie er die bisher Ausgeschlossenen hineinnimmt und sich gerade mit diesen solidarisiert. Entscheidend ist, daß Jesus *die* Begrenzung schlechthin durchbricht, welche die Menschen vom Leben abschließt und ihnen Angst macht, so daß sie panikartig in einer Art Lebensgier an sich zu raffen suchen, wessen sie habhaft werden können und so das LEBEN gerade verfehlen: Jesus durchbricht die Grenze des Todes.

Weil die Todesgrenze den Menschen zurückwirft auf das Habenwollen, weil er Angst hat, zu kurz zu kommen, entzweit sie ihn auch von sich selbst und den anderen. Leben wird zum Kampf ums Überleben, bei dem der andere nicht als Schwester und Bruder, sondern als Konkurrent erscheint.

Der Tod entzweit aber auch vom LEBEN selbst, von der Quelle des Lebens, die wir Gott nennen. Denn mit dem rätselhaften Dunkel des Todes erscheint das ganze Leben zufällig und grundlos, letztlich sinnlos angesichts der Tatsache, daß der Tod plötzlich und unerwartet alle Hoffnungen und Wünsche vernichtet, alle Bindungen durchschneidet.

Hier scheint nun endgültig das Vertrauen auf einen Gott, der das LEBEN will, hinweggeschwemmt zu werden von der Woge der Angst, dies alles, was ich tue und erleide, könnte nichts weiter sein als ein zufälliges Spiel der Natur, die sich um den einzelnen nicht kümmert und nur die unbarmherzige Gesetzmäßigkeit des Werdens und Vergehens kennt.

Indem Jesus in diesen Tod hineingeht, weil er im Konkurrenzkampf der Gruppierungen und Parteien geopfert wird, öffnet er auch diese furchtbare Begegnung zum LEBEN hin, zu Gott. Das Vatersymbol wird damit zum Hoffnungszeichen dafür, daß der Tod nicht das Ende und das Scheitern menschlichen Lebenswillens ist, sondern „Durchgang" zum VATER, der für alle seine Kinder seine Wohnung bereitet hat, wohin sie gehören und wo sie geborgen sind (vgl. Joh 14,2).

Dies meint das, was in der christlichen Tradition als „Auferstehungsglaube" lebendig und zweifellos Kern und Mitte des christlichen Gottesverständnisses ist. Endgültig im Tod wird die Gleichheit der Menschen aller Rassen und Kulturen offenbar, und durch dieses gemeinsame Tor führt der Weg zum VATER.

„Manchmal glaube ich zu ersticken", sagt die Frau, die wegen Depressionen therapeutische Begleitung sucht.

Sie wünsche sich nichts sehnlicher, als „den Mief der vier Wände" einmal hinter sich zu lassen und – eine Weltreise zu machen."

Sie lacht dabei, und gefragt warum, wird sie traurig: „Weil ich das nie machen würde. Da hätte ich viel zu große Schuldgefühle gegenüber meinem Mann und meinen Kindern."

Ihre Grenze, die sie hindert, auszuschreiten, liegt also in erster Linie in ihr, nicht außen. Ein verbietender Vater und eine ängstliche Mutter haben ihren Lebensraum beschränkt und das Leben selbst zur traurigen Pflicht gemacht.

Fast immer geht es in einer Therapie auch um Entgrenzung. Von einem idealen Vater muß dann manchmal die Erlaubnis gegeben werden, etwas zu wagen und ein Risiko einzugehen.

Erschreckend ist, bei wie vielen „religiösen" Klienten Gott ein verbietender Gott ist, der einem nichts gönnt und durch seine vielen Gebote einengt.

Dieses Durchbrechen der Todesmauer geschieht freilich nicht erst und nicht nur am Ende des Lebens, wenn die physisch-psychische Lebenskraft verbraucht ist oder ein Ereignis von außen den Tod herbeiführt.

Die Jesusbotschaft läßt keinen Zweifel daran, daß das Sterben des Ichs, der Ich-verhaftetheit, die entscheidende Wende zum LEBEN hin bedeutet, die Gemeinschaft mit den Menschen als Schwestern und Brüder des einen Vaters eröffnet:

> „Wer sein Leben gefunden hat, der wird es verlieren, und wer sein Leben verliert um meinetwillen, der wird es finden." (Mt 10,39)

Richtiger müßte man wohl übersetzen:

> „Wer das Leben als sein Eigentum betrachtet (das er ängstlich festhalten will), er wird es verlieren. Wer sich aber an das LEBEN loslassen kann, der wird es gewinnen."

Es geht also um ein Sterben des Ichs, so wie es die Mystiker aller Religionen schon immer als Voraussetzung wirklichen Glücks und Seelenfriedens beschrieben haben.

Dieses Lassen also, so die neutestamentliche Überlieferung, ist nicht ein resigniertes Hergeben, weil man's sowieso nicht festhalten kann, sondern der Gewinn der Lebensfülle:

> „‚Siehe, wir haben alles verlassen und sind dir nachgefolgt. Was wird uns also zuteil werden?' Jesus sprach zu ihnen: ‚... Jeder, der Häuser und Brüder oder Schwestern oder Vater oder Mutter oder Kinder oder Äcker um meines Namens willen verlassen hat, wird es hundertfältig wieder empfangen und ewiges Leben gewinnen.'" (Mt 19, 27–29)

„Hundertfältig empfangen" und „ewiges Leben gewinnen" darf dabei nicht als Aufzählung verschiedener Güter verstanden werden, sondern muß als ein und dasselbe gesehen werden: Das „ewige Leben" ist nicht eine abstrakte Idee, sondern Gemeinschaft in unvorstellbarer Fülle.

„Ewiges Leben" beginnt deshalb nach Jesu Überzeugung auch nicht in einem Jenseits, sondern hier und jetzt, wenn und wo Gemeinschaft der Schwestern und Brüder gelebt wird, die Gott als ihren Vater anerkennen und von ihm sich mit dem LEBEN beschenken lassen.

Und weil dieses Lebensgeschenk engstens verbunden ist mit den Schwestern und Brüdern, und so mit den sich daraus ergebenden möglichen Fußangeln – trotz guten Willens! –, wird dieses Miteinander in der Lebensbotschaft des Neuen Testaments ausführlich zur Sprache gebracht (vgl. besonders Mt 18).

Denn im Miteinander zeigt sich die Todesgrenze mitten im Leben als schmerzliche Begrenzung der Bereitschaft zu lieben, das heißt, auf den anderen vorbehaltlos zuzugehen und ihn mit seinen Schwächen anzunehmen.

Diese Grenze, dem anderen nicht verzeihen zu können, was er einem zufügte an Schmerz und Enttäuschung, soll – so die Jesusbotschaft – gesprengt werden in der Vergebung.

Vergebung aber ist die Auferstehung im Alltag des Lebens, in dem das „ewige Leben" anwesend ist.

Voraussetzung für die Bereitschaft zu vergeben, ist das *Geschenk* der Vergebung, das der Vater immer schon seinen Kindern gibt, weil sie die Lebensschuld niemals bezahlen können. So wenigstens sehen es die großen Gleichniserzählungen bei Matthäus (18,23–35) und bei Lukas (15,11–31): Es ist der Vater, der dem Sohn, welcher sich von der Familie Gottes eigensinnig entfernt hat, entgegengeht und das Fest des Lebens mit ihm feiern will, ein Fest der Auferstehung; „denn dieser mein Sohn war tot und ist wieder lebendig geworden; er war verloren und ist wiedergefunden worden" (Lk 15,24).

„ ‚Vergebung' ist für mich ein Fremdwort", sagt fast tonlos der Mann, der zusammengesunken vor mir sitzt, während sein Blick nach links oben irgendwo sich festmacht. Ich frage ihn, was er vor sich sehe, und er wendet sich mir zögernd zu: „Ich habe wieder irgend etwas angestellt, ich weiß nicht mehr

was. Oder doch, ich glaube, ich hatte ihn beleidigt, meinen Vater meine ich. Ich erschrak, als ich das merkte; denn ich hatt's ja nicht bewußt getan. Aber er stand schon drohend vor mir, und ich wußte, daß er gleich ausholen würde, um mich zu schlagen.

‚Bitte, vergib mir‘, stotterte ich wohl, aber da knallte es schon. Nein, Vergebung war bei uns zu Hause ein Fremdwort. „Was du dir eingebrockt hast, mußt du auslöffeln. Wo kämen wir denn sonst hin?“

Es gehört zu den erschütterndsten Erfahrungen mit Vätern in der Therapie, daß so viele Töchter und Söhne mit ihnen „Härte“ und „Unbarmherzigkeit“ verbinden. Diese Väter glaubten, dies gehöre zu einer richtigen Erziehung. Aber tief in die kindlichen Herzen grub sich, daß die fromme Rede von der Barmherzigkeit Gottes dummes Geschwätz ist, leere Worte.

„Mein Vater“, berichtet eine junge Frau, „konnte nichts vergessen. Er war furchtbar nachtragend. Noch nach Wochen konnte er irgendeine alte Geschichte wieder auftischen, so daß ich heulen mußte vor heimlich unterdrückter Wut.“

5. Das Vatersymbol wiedergewinnen

Wenn es stimmt, daß das Vatersymbol nicht nur in der Seele als wichtige „Mitgift" auf dem Weg zu menschlicher Reife und zum Lebenssinn vorhanden ist, sondern auch in der religiösen Tradition der Menschheit die Vorstellung von Gott als Vater eine große Rolle spielt, dann darf man hoffen, daß es sich lohnt, das Vatersymbol wiederzugewinnen, das uns so oft durch negative oder fehlende Vatererfahrungen in der Kindheit verloren geht.

Diesem Ziel dienten die vorausgehenden Überlegungen und der Durchgang durch die biblische Tradition, besonders der Jesusbotschaft, die zum unverlierbaren Erbe der geistigen Evolution der Menschheit gehört. Sich in sie zu vertiefen, kann hoffentlich für viele LeserInnen im Sinne einer „Lesetherapie" einen neuen Zugang zum Vatersymbol eröffnen und die Mauer sprengen helfen, die sich um es gelegt und den Blick darauf versperrt hat.

Dennoch soll abschließend der Versuch gewagt werden, einige Übungen vorzuschlagen, die helfen könnten, jene in der Jesusbotschaft aufleuchtenden Aspekte des Vatersymbols zu verinnerlichen. Wenn dabei immer wieder auf therapeutische Begegnungen eingegangen wird, heißt das nicht, daß *nur so* das Vatersymbol wiedergewonnen werden kann. Sie stehen vielmehr *modellhaft* für das, was auch in anderer Weise mitten im Alltag geschehen soll und kann.

Vollständigkeit ist dabei ebensowenig angestrebt wie ein Rezeptwissen, das angeblich richtig angewendet, sicher zum Ziel führt. Vielmehr geht es um Anregungen, die der einzelne auf dem Hintergrund seiner je eigenen Lebensgeschichte auswählen, ausprobieren oder verändern kann und soll.

1. Seindürfen

Ein Symbol ist keine Sache, die verstandesmäßig begriffen werden kann. Es will erfahren werden mit Kopf, Herz und Hand, im Bild und im Traum, im Tun und Erleiden.

Ein erstes Hindernis, das uns den Zugang zum Vatersymbol versperrt, ist das Gefühl, nichts wert zu sein, nicht richtig zu sein, nicht gut (genug) zu sein.

Irgendwie fühlen wir uns dann „draußen", nicht dazugehörig, anders, aber in einem negativen Sinn.

> *Eine Frau, die sich heute so empfindet, erlebte sich schon als Kind als „lästiges Anhängsel". Einerseits fühlte sie sich übersehen, andererseits als „seelischer Abfalleimer für die ganze Familie" benutzt. Sie war als viertes Kind acht Jahre nach dem jüngeren Bruder nicht mehr erwünscht.*

> *Da sie sich von der Mutter abgelehnt fühlte („Meine Mutter interessierte sich nie für mich!"), suchte sie den Vater durch besondere schulische Leistungen für sich zu gewinnen. Aber die stets zerstrittenen Eltern bevorzugten die Söhne, so daß sie sich nach Möglichkeit wie ein Junge benahm, um dazuzugehören. Ihre Sehnsucht, die Tochter ihres Vaters sein zu dürfen, blieb weithin unbeantwortet.*

> *Als dieser starb, war sie gerade 14 Jahre alt. Es wurde ihr verboten, um ihn zu trauern.*

> *Der Initialtraum (der erste Traum am Beginn einer Therapie) lautet:*

> *Ich bin ins Krankenhaus eingeliefert worden. Man muß einen Luftröhrenschnitt als Notoperation machen, damit ich nicht ersticke.*

Dem Vatersymbol kann sich Frau X. nur nähern, wenn sie die Erfahrung machen darf, daß sie unabhängig von ihren Leistungen etwas wert ist. Bis jetzt ist das Vatersymbol durch den Vater blockiert, der sie nur mit Bestleistungen akzeptiert hat („Wehe, wenn ich eine 3 brachte!").

Deswegen verliert sie den Boden unter den Füßen, wenn sie das Gefühl hat, nicht zu genügen.

Und das hat sie dauernd, so daß das ganze Leben ein einziger Kampf ums Überleben ist.

Was sie lebensnotwendig braucht, so sagt ihr Traum, ist die Luft zum Atmen. Sie erstickt sonst, weil ihre Stimmbänder vom vergeblichen – heute lautlosen – Schrei nach An*erkennung* geschwollen sind, und der normale Lebensrhythmus des Ein- und Ausatmens, des Gebens und Nehmens unmöglich geworden ist.

Für diese Frau war der Entschluß zur Therapie der Luftröhrenschnitt, um weiterzuleben.

Eine *Grundübung*, um den Aspekt des Vatersymbols zu verinnerlichen, der die Erlaubnis, sein zu dürfen, enthält, ist deshalb die *Aufmerksamkeit für den Atem.*

Atmen heißt, mich an den Lebensstrom anzuschließen, der ohne mein Zutun, ohne meine Leistung fließt. So bin ich nicht mehr ausgeschlossen, ich gehöre zum Leben, ich gehöre *dem* Leben.

Manchmal kann es notwendig sein, sich zuvor mit diesem verinnerlichten Bild des leiblichen Vaters, der mir die Luft nimmt, auseinanderzusetzen, bevor der VATER als Lebensraum und Lebensrecht Gewährender bei mir eintreten kann. Das ist oft ohne therapeutische Hilfe sehr schwer.

Es gibt spezielle Übungen wie das Yoga oder das Autogene Training, ganz abgesehen von speziellen Atemtherapien, die das richtige, heilsame Atmen lehren.

Aber eigentlich *geschieht es* Atemzug für Atemzug in jedem Augenblick, so daß bereits das *Gewahrwerden* dieses Lebensstroms weitreichende Wirkung haben kann.

Hilfreich ist hier aber sicher, wenn bewußt eine Zeit am Tag ausgespart wird, in der alle Arbeit ruht und ich – wenn auch nur für Minuten – lediglich dies wahrnehme:

Ich bin da. Das Leben strömt in mich und erfüllt mich.

Ich halte es nicht fest, sondern lasse es wieder los, ausfließen,
um mich neu damit beschenken zu lassen.

Um nicht zu sehr durch meine Gedanken abgelenkt zu wer-
den, spreche ich beim Ausatmen das Wort „Vater". An IHN,
den unergründlichen Lebensgrund, gebe ich mich hin, um
das Beschenktwerden durch IHN als Ant-Wort zu erfahren.

In jedem Atemzug bin ich mit der väterlichen Schöpfungs-
kraft verbunden. Den Atem eingehaucht zu bekommen, heißt
geschaffen werden, je und je neu.

In jedem Atemzug ist EWIGKEIT, weil die Zeit „stehenbleibt",
wenn ich mich in diese Urbewegung des Daseins mit allen
meinen Sinnen einschwinge.

In jedem Atemzug geschieht das Geheimnis von Tod und Auf-
erstehung, Sich-Hergeben und Sich-Empfangen. Beides ist Le-
ben, das nur in diesem Rhythmus schwingt.

Solches Gewahrwerden des Atems kann wesentlich unterstützt
werden, wenn gleichzeitig der eigene Körper als durchfluteter
Lebensraum erfahren wird. Hilfreich kann dabei der bewußte
Kontakt des Körpers zum Erdboden sein, wie er zum Beispiel
in bestimmten eutonischen Übungen praktiziert wird. Aber
auch schon das bewußte Sitzen auf einem Stuhl, wobei die
Füße Bodenkontakt haben und der Oberkörper aufgerichtet
ist, erleichtern es, sich als Atmenden wahrzunehmen.

Entscheidend ist bei alledem, nichts erzwingen zu wollen, sondern wirklich zu spüren, daß das Wesentliche ohne meine Leistung *geschieht.*

2. Die Hinbewegung

In jüngerer Zeit ist es vor allem der Familientherapeut Bert
Hellinger, der die Bedeutung des Vaters hervorhebt. Für ihn
resultieren viele Leiden aus der „unterbrochenen Hinbewe-
gung" zu den Eltern, besonders zum Vater. Vor allem Depres-

sionen und Süchte sieht er in mangelnder Vatererfahrung begründet, so daß er in seinen Therapien vor allem den Weg zum Vater weist: Sich bewußt zu ihm zu stellen, die (zu) enge Bindung an die Mutter zu lösen und ihm die Ehre zu erweisen, die ihm als Vater gebührt, hat nach Hellinger eine heilsame Wirkung.[116]

Es ist hier nicht der Ort, um die umstrittenen Konzepte von Hellinger zu diskutieren. Interessant ist an dieser Stelle lediglich der Berührungspunkt zu Jesu Verhalten, die Ausgeschlossenen in die Menschheitsfamilie hereinzuholen. Daß zu diesen im Erlebnisraum des heutigen Menschen sehr oft auch der Vater gehört, dürfte kaum zu bezweifeln sein.

Im Falle der oben beschriebenen Klientin ist es offensichtlich, daß nicht nur der Vater sich zurückhielt, sondern die Tochter auch durch die Mutter von ihm ferngehalten wurde. In ihren Augen „taugte der Vater nichts", so daß sein Tod nicht als Verlust betrauert werden durfte.

Hellinger knüpft eine enge Verbindung zwischen der Suche nach dem Vater und der Suche nach Gott. Nach Hellinger sucht man eigentlich immer den Vater:

„Eine häufige Motivation für die Gottsuche ist, daß jemand keinen Vater hat und ihn sucht, und wenn er ihn gefunden hat, hört seine Gottsuche auf."[117]

Weiter führt Hellinger den Gedanken, wenn er ergänzt:

„Die (Gottsucher) suchen ihren Vater, und wenn sie den gefunden haben, hört die Gottsuche auf. Oder sie wird anders."[118]

Und noch einmal präzisierend, wo er in der Therapie mit einem Mann arbeitet, dessen Mutter ihn nach dessen Worten während der Pubertät „nächtelang in wirklich gemeiner Weise und ohne daß ich mich entziehen konnte, negativ über meinen Vater aufgeklärt" hat:

„H.: Und was ist jetzt die Lösung?
Hartmut: Diese spirituelle Übung des Vergessens.

H.: Bei dir ist die Übung die tiefe Verneigung vor dem Vater.
– Und sieh hinter ihm Gott!"[119]

An diesem „hinter ihm" hängt zweifellos alles, und es steht die Frage im Raum, wie dieses Sehen gefördert werden kann. Denn daß „hinter" dem leiblichen Vater Gott steht, dies wahrzu-*nehmen* ist ja vielen Menschen durch die konkrete Vater-erfahrung oder Nichterfahrung des Vaters zuerst einmal versperrt.

Dazu bedarf es wohl zunächst einer positiven Vatererfahrung in der Person eines Menschen, der jene nicht erfüllte Sehn-sucht nach dem Vater auffängt und Väterlichkeit so vermittelt, daß ein tiefes Gefühl der *Berechtigung* im Klienten entsteht: Ich darf so sein wie ich bin, und ich muß nicht anders sein, um liebenswert zu sein.

In einer Gruppe kann dies leichter geschehen, wenn sich eine Frau oder ein Mann, der den Vater vermißte oder negative Er-innerungen hat, sich bewußt neben einen Mann stellt und die-se Nähe in sich aufnimmt. Je nachdem darf sich jemand auch an den Mann anlehnen, etwa Rücken an Rücken, und den Va-ter als Halt erfahren.

Was kann ich alleine tun?

Wenn ich mir bewußtmache, daß ich von allen Menschen in meiner Umgebung innere Bilder in mir trage, dann kann ich für mich eine „Familienaufstellung" machen:

Ich habe einige Figuren (z.B. aus Holz), die Mutter, Vater und Geschwister verkörpern, und stelle sie so auf, wie es sich vom inneren Bild her ergibt.

Dann betrachte ich dieses Zueinander in Ruhe, lasse es auf mich wirken und schaue, welchen Platz der Vater in dieser Aufstellung hat.

Habe ich ihn (weit?) weggeschoben, dann ziehe ich ihn in einer langsamen, bedächtigen Bewegung neben oder hinter mich – wie es für mich stimmt – und atme tief durch.

Es ist nicht der leibliche Vater, sondern der Vater, den ich er-

sehne, der „ideale Vater", der mich als seinen Sohn, seine Toch-
ter so gewollt hat, wie ich bin.
Er wird Symbol für den VATER.

3. Wegweisung

Einen Vater haben heißt geführt werden, jemanden zu haben,
der weiß, wo es lang geht, der Wege zeigt und ermutigt, sie zu
gehen.

Das orientierungslose Kind fühlt sich verloren und hat Angst.
Das Seelenbild des Vaters enthält in sich den Lehrer, der das
vermittelt, was notwendig ist, um das Leben zu meistern. Den
richtigen Weg gehen, den falschen meiden, Untiefen und
Abwegigkeiten erkennen lernen, all das ist ein wichtiger Aspekt
des Vaterarchetyps.

Viel seelische Not wurzelt in der Sinnlosigkeit, weil eine klare
Richtung fehlt, ein erstrebenswertes Ziel, und weil stattdessen
das Gefühl vorherrscht, im Kreise zu gehen wie Gefangene in
einem Gefängnishof.

Das Fehlen des Vaters spielt dabei meistens wieder eine entscheidende Rolle. Oder aber statt Wegweisung wurde „Verla-
den auf Gleise" erlebt, nicht behutsame Führung, die darauf
abzielt, „sich des eigenen Verstandes zu bedienen" (I. Kant),
sondern Vorschriften und Befehle, die eigene Erfahrungen und
mögliche Alternativen gar nicht zulassen.

In einer Therapie kann erlebt werden, daß es gut ist, auf schwierigen Wegstrecken Begleitung zu haben, die auf Fußangeln
aufmerksam macht, ohne sie einfach wegzuräumen, die aber
zugleich ermutigt, Durststrecken zu bestehen.

Ziel einer solchen Therapie muß immer die Entdeckung des
eigenen inneren Führers sein, der den Begleiter überflüssig
macht.

Ein Mann mit einer sehr engen Mutterbindung sucht thera-

peutische Begleitung, um Klarheit über seinen weiteren Le-
bensweg zu bekommen, weil er spürt, daß er zwar von au-
ßen gesehen viel Erfolg hat, aber sich mehr und mehr eine
depressive Stimmung auf ihn legt, die ihn an seinen Fähig-
keiten zweifeln läßt.

Der Vater spielt so gut wie keine Rolle („Er hielt sich immer
raus"), alles drehte und dreht sich noch heute um die Mutter
und eine kranke Schwester.

Der Mann, der sich als religiösen Menschen versteht, kann
mit Gott als „Vater" nicht viel anfangen. Gott ist für ihn eher
eine Mitgift der Frömmigkeit seiner Mutter: Ein großer so-
zialer Auftraggeber, der will, daß ich mich im Dienst an den
anderen vergesse.

„Das Leben ist Pflicht", pflegte seine Mutter zu sagen. Die
„Nachfolge Christi", die er sich zu leben vorgenommen hat-
te, erkennt er im Laufe der Therapie immer mehr als „Nach-
folge der Mutter".

In einer Imaginationsübung, die der Klient macht, als ein tiefes Gefühl der Traurigkeit während des Gesprächs in ihm auf-
steigt, sieht er folgendes Bild:

Ein Mann steht einsam auf weiter Flur. Er will gehen und
kann nicht.

Im Umgang mit diesem Bild wird dem Klienten wie in einer
Erleuchtung klar, daß ihm niemand helfen kann, die richtige
Entscheidung für seinen Weg zu finden, wohin sein Weg geht.
Die Erwartungen der anderen können keine Richtschnur sein.
Aber die Erfahrung, daß da jemand ihn begleitet, der ihn mit
all seinen Zweifeln, seinem Zögern und Stolpern annimmt, sein
Suchen ernst nimmt und nicht auf „Grundsätzen" beharrt wie
„Was man angefangen hat, muß man zu Ende führen", diese
Erfahrung hilft ihm, seiner eigenen Kompetenz, der inneren
Führung allmählich zu vertrauen.

Gott, der von den Eltern her erlebt wurde als eine Instanz, die
schuldig spricht und verdammt, wenn man vom „richtigen

Weg" abweicht, kann hier VATER werden, indem ich mich hin-
einvertiefe in das Symbol des *Weges*:

*Ich habe vor mir ein Bild mit einem Weg und lasse es eine
Zeitlang auf mich wirken.*

*Unwillkürlich führt mich der Weg durch die Landschaft, zieht
mich in der Richtung fort, die er – gerade oder sich hin-
schlängelnd – einschlägt, um irgendwo am Horizont ins Un-
bekannte zu verschwinden.*

*Ich vertraue mich der eigentümlichen Kraft dieses Weges an,
der einfach nur da ist und doch Macht hat, ohne mir Gewalt
anzutun. Ich traue dem Weg, ich vertraue der Weisheit des
Weges, ich lasse mich führen vom VATER.*

4. Schutz erfahren

Vielleicht wurde kein anderer Aspekt des Vatersymbols so vernichtet wie der des *Schutzes*.

Statt den Vater als schützenden Schild im beginnenden Le-
benskampf zu erfahren, erlebten allzu viele Kinder, daß sie *vor*
dem Vater bei der Mutter, älteren Geschwistern oder Verwand-
ten und Freunden Schutz suchen mußten. Manche hatten
selbst die Aufgabe übernehmen müssen, Schutz zu bieten,
wenn sie etwa die Mutter vor den wütenden Angriffen des Vaters zu beschützen suchten.

Ist es da ein Wunder, wenn viele Menschen auch Gott als un-
berechenbaren Despoten sehen, vor dem sie sich so gut wie
möglich zu schützen suchen, statt von ihm Schutz zu erwarten?

So ist denn auch einem Großteil der gläubigen Christen der
Dank des Psalmisten für den Gott, der wie eine Burg und ein
Schild schützt (Ps 144,2), fremd. Sie flüchten sich lieber zur
Mutter Gottes und unter ihren „Schutz und Schirm", ein fast
erschreckendes Abbild der familiären Verhältnisse.

Das Bedürfnis nach Schutz und Hilfe gehört entwicklungs-psychologisch freilich vor allem in die Kindheit: Das kleine Kind fühlt sich leicht den es umgebenden „Mächten" ausge-liefert und hat Angst, von ihnen erdrückt zu werden.

Tragischerweise fühlt sich das Kind manchmal schutzlos, weil der Vater zwar da ist, aber seine Hilfe nicht angenommen werden kann. Seine Nähe macht zu viel Angst.

Eine junge Frau sucht verzweifelt nach dem Vater, um end-lich Tochter und Frau sein zu dürfen, um die panische Angst vor Männern zu verlieren.

In der Therapie wagt sie nach und nach, sich dem „Vater" zu nähern. Sie schreibt in ihr Tagebuch:

„Ich habe große Angst. Ich bin einen Abhang hinunterge-stürzt. Das einzige, was mich hält, ist Ihre [des Therapeuten] Hand. Ich glaube, ich kann noch nicht viel mehr von Ihnen als Vater annehmen als die Hand.

Schutzlosigkeit wird besonders schmerzlich als Ablehnung er-lebt: So „böse", wie ich bin, werde ich nicht angenommen:

„Das Baby ist böse. Es will und will und hört nicht auf, zu schreien. Man muß es töten, damit es aufhört. Es ist schreck-lich schmutzig. Dieses verdammte Kind ..."

Die Übermacht des Vaters, gegen die das Kind keine Chance hat, kleidet die Frau in das Bild vom Riesen, welcher der Maus auflauert. Schutzlos fühlt sie sich den hinterhältigen Machen-schaften des „Riesen" ausgeliefert. Zugleich macht der folgen-de Tagebucheintrag deutlich, welche Haßgefühle im schutz-losen Kind geweckt werden, die es dazu zwingen, sich auch noch vor sich selbst schützen zu müssen:

„Er lauert rechts als Riese!"

Weil die Maus getötet werden soll, wird sie selber zur poten-tiellen Mörderin und muß sich vor sich selbst schützen.

„Die Maus hat ihren Vater getötet. Die Maus bringt den Vater um, indem sie so ist wie sie ist. Dann hat der Vater Angst. Die Maus kann nicht vertrauen.

Das Kind kann nicht mehr vertrauen. Und doch *möchte* es gerne vertrauen. Es ist so sehr darauf angewiesen. Aber welcher Abgrund an Angst tut sich auf, wenn es sich getäuscht sieht:

Einmal als Kind träumte die Maus, sie säße auf den Schultern des Vaters. Dieser lief eine dunkle Straße hinunter. Das Kind fühlte sich wohl. Bis der Vater höhnend lachend sagte: „Ich bin gar nicht dein Vater." Das Kind hatte Todesangst ...

Diese Schutzlosigkeit, die das Vertrauen untergräbt und die nackte Angst hervorruft, wird vom Kind nicht als etwas empfunden, das ihm angetan wird, sondern das es selbst verschuldet hat. Es fühlt sich verpflichtet, den Vater zu schützen, statt selbst geschützt zu werden. Und so beschließt es, um dem Vater nicht im Weg zu stehen, nicht mehr da zu sein, das heißt, keine eigenen Bedürfnisse mehr zu haben. In einem imaginierten Zwiegespräch läßt die Frau im Tagebuch den Vater sagen:

„Wie kannst du es wagen, da zu sein? Ich hasse dich! Du nimmst mir meine Frau weg, du isolierst mich, ich werde dich vernichten, aber so, daß du es nicht merkst ..."

Sie antwortet:

„Ich weiß, daß ich unausstehlich bin. Ich werde in Zukunft nichts mehr wollen. Immer wenn ich etwas will, töte ich dich, lieber Vater. Es tut mir leid. Du wirst nicht merken, daß ich überhaupt da bin. Ich habe Schläge verdient."

Diese Zeilen zeigen beeindruckend und erschreckend, wie schutzlos sich ein Kind fühlen kann und wie dieses Sich-ausgeliefert-Fühlen eine Angst hervorbringt, die nur durch den Entschluß, nicht mehr da zu sein, begrenzt werden kann. Rückblickend auf ihre Jugend schreibt sie:

„Ich möchte gar nicht die Tochter dieses Mannes sein. Tochter bedeutet Hohn ..."

Sie erinnert sich, mit ihrem Vater, als sie 17 Jahre alt war, einen Spaziergang gemacht zu haben:

„Es war, wie wenn zwei Leichen durch einen sterbenden Wald laufen.

Er hat nur von sich erzählt. Ich habe beschlossen, nie mehr Tochter zu sein. "

In einem langsamen Annäherungsprozeß wagt sie nach und nach die Nähe des Vaters auszuhalten und nicht nur seine Hand zu nehmen, sondern als kleines Mädchen ihren Kopf in schützende Arme zu legen.

Den schützenden Vateraspekt aber vergegenwärtigt sie sich und verinnerlicht ihn zusätzlich durch Bilder, die ihre Sehnsucht ausdrücken. Sehr schön zeigen dabei vor allem zwei selbstgemalte Bilder, wie sich die Freude, Tochter eines Vaters sein zu dürfen, ins Kosmische weitet und so den schützenden Vaterarchetyp lebendig werden läßt:

Auf dem einen geht sie an der Hand des Vaters durch eine Landschaft aus Licht auf den Strahlen der Sonne; auf dem anderen wandert sie in der Nacht durch den bestirnten Himmel.

Zu dieser Möglichkeit, durch Bildbetrachtung „Schützende Hände" oder eigenes Malen kann eine einfache Übung helfen, die den ganzen Leib einbezieht:

Ich lege mich auf den Boden, der gegebenenfalls zuvor durch eine nicht zu weiche Matte abgepolstert ist. In Reichweite liegt eine warme Decke.

Dann nehme ich mit dem Körper Kontakt zum Boden auf und spüre die Widerstände und schmerzende Stellen.

Ich schließe die Augen und lege meine Arme nach rechts und links weit ab vom Körper, die Handflächen nach oben. Vor meinem inneren Auge sehe ich mich dem ganzen Weltall über mir ausgesetzt und spüre die Schutzlosigkeit und das Ausgesetztsein dieses kleinen Menschen im unermeßlichen Raum.

Dann beginne ich, mich bewußt dem Boden unter mir anzuvertrauen, die drückenden Stellen des Körpers in ihn hineinzugeben und die Wärme wahrzunehmen, die ich empfinde und die durch den ganzen Körper fließt.

Ich erlebe, wie die Haut und darüber die Kleidung überall

als schützende Hülle mich umgeben. Zuletzt kann ich noch
die Decke heranziehen, vorsichtig über mich breiten und
mich regelrecht hineinkuscheln ... Vielleicht stellt sich ein
Gefühl der Dankbarkeit ein, daß ich auch ausdrücken darf:
„Danke, VATER!"

Diese Übung wird verstärkt, wenn ich sie im Freien durchführe und das schützende Haus über mir verlassen habe.

Hat man diese Übung intensiv durchlebt, dann fällt es meistens nicht so schwer, im Alltag das Schützende wahrzunehmen, das wir oft so gedankenlos einfach hinnehmen und benutzen:

das Dach über dem Kopf, einen schützenden Baum oder Mauervorsprung, das Auto oder die Bahn, was immer auch Schutz bietet.

Eindrucksvoll ist der sorgend-schützende Aspekt des Vatersymbols für Gott bereits auf den ersten Seiten der Bibel beschrieben: Gott selbst machte den Menschen, die sich in ihrer Nacktheit ungeschützt fühlen, Kleider (Gen 3,21), ein Gedanke, der in der Bergpredigt bei Matthäus weitergeführt wird:

„Und was sorget ihr euch um eure Kleidung?

Betrachtet die Lilien des Feldes, wie sie wachsen: Sie arbeiten nicht, sie spinnen nicht.

Ich aber sage euch: Selbst Salomo in all seiner Pracht war nicht gekleidet wie eine von ihnen.

Wenn aber Gott das Gras des Feldes, das heute steht und morgen in den Ofen geworfen wird, so kleidet, wieviel mehr euch, ihr Kleingläubigen!" (Mt 6, 28–30)

5. Entscheidung

Als kleine Kinder haben wir uns alle bestimmte Strategien angeeignet, um Liebe und Zuwendung zu erhalten und Schmerz zu vermeiden. Die TA spricht vom „Skript", dem Drehbuch, nach dem wir Regie führen, wenn wir die eigene Lebensgeschichte gestalten.

Diese Strategien, bestimmte Verhaltensweisen, haben uns damals das Überleben gesichert und uns geholfen, die Klippen zu umschiffen. Sie waren zu jener Zeit die bestmöglichen Mittel, um das Leben zu meistern.

Nun neigen wir dazu, besonders in Krisensituationen, auf jene alten Praktiken zurückzugreifen, die freilich heute meist ihre Wirkung verfehlen. Sie sind ungeeignet, die Probleme des Erwachsenen zu lösen, der ja ganz andere Möglichkeiten hat als das kleine Kind. Diese Diskrepanz ist Ursache vieler Schwierigkeiten und seelischer Leiden.

Für die frühen Verhaltensweisen haben wir uns als Kinder entschieden, um auf die Botschaften zu reagieren, die wir von den Eltern bekamen. Heute merken wir, daß wir diese Botschaften so verinnerlicht haben, daß wir glauben, wir selbst seien der Überzeugung, es nicht zu schaffen oder immer perfekt sein zu müssen. Und weil unsere Antwort darauf, nämlich die Sisyphusarbeit des unablässigen Bemühens, uns nicht glücklich macht, sind wir unglücklich und haben das Gefühl, nichts zu taugen.

In der TA wird der Klient aufgefordert, eine *Neuentscheidung* zu treffen: die Verantwortung für sein Leben selbst zu übernehmen und nicht weiter das gehorsame oder trotzige Kind der Eltern zu sein.

Diese Neuentscheidung setzt oft voraus, daß die alten elterlichen Botschaften entkräftet und neue, positive Botschaften aufgenommen und verinnerlicht werden. Dazu dient die Gestalt des *idealen Vaters*, der dem Kind solche ermutigenden Botschaften gibt. Man spricht dann von „Neubeelterung“. In der Gruppe läßt sich das leichter durchführen als wenn man alleine ist.

Aber es ist nicht unmöglich.

Ich kann und ich darf mütterlich/väterlich mit mir umgehen.

Ich entscheide mich, mein eigener Vater zu sein, der mich ermutigt, meinen Weg zu gehen und das Lebenshindernde zu lassen. Bei dieser Entscheidung, mein Leben selbst in die Hand zu nehmen und nicht mehr eine Marionette anderer zu sein, kommt der Aspekt des Vatersymbols zum Tragen, den wir als „Lebensmacht" kennenlernten und den wir in der Person Jesu als Forderung, unbedingt geachtet zu werden, erleben.

Solches Selbstbewußtsein erzeugt Widerspruch, den es auszuhalten gilt, um die Entscheidung zu festigen. Der „innere Vater", den ich für mich brauche, um Kraft zu haben, das Leben zu meistern, kann aktiviert werden.

Ich kauere auf dem Boden und spüre, wer und was alles auf mich einredet und einschlägt. Kopf und Schultern sind eingezogen.

Durch den Atem erwecke ich den inneren VATER, den Schöpfer-Geist und richte mich in seiner Kraft bestimmt auf.

Ich spüre den Kontakt meiner Füße zum Boden und von dort her die Kraft in meinen Beinen, meinem Becken, meinem Rücken, meinem ganzen Körper. Ich atme tief ein und lange aus.

Ich spüre in mich hinein und höre von dorther:

„Du bist meine geliebte Tochter!"

„Du bist mein geliebter Sohn!"

Dann gehe ich bewußt einige Schritte auf einen Tisch zu, auf dem ich ein Blatt Papier und Schreibzeug vorbereitet habe.

Ich schreibe auf dieses Blatt eine Verhaltensweise, die mich immer wieder hindert, das Leben zu nehmen, die mich bedrückt macht, die mich hindert, auch „nein" zu sagen.

Ich betrachte das Geschriebene, stehe auf, entscheide, diese Verhaltensweise aufzugeben, und zerreiße das Blatt kraftvoll. Vielleicht will ich es auch anschließend verbrennen.

Der „innere Vater" fordert zur Neuentscheidung auf.

Er ist es, der um mich weiß und mit mir weiß, in welcher Richtung mein Weg geht, welche innere Ordnung ich brauche, um mich ganz (heil) zu fühlen. So komme ich in Kontakt mit dem wahren *Gewissen* in mir. Dieses Gewissen, das Gericht über mich hält, ist nicht das Überich verinnerlichter Eltern-botschaften, sondern der ordnend-richtende, der zurechtrük-kende Aspekt des Vatersymbols.

Ihn zu entdecken und zu aktivieren, etwa in der obigen Übung, die freilich in der Regel wiederholt werden muß – denn so schnell räumen alte Gewohnheiten nicht das Feld! – ist ein ganz wichtiger Zugang zu Gott als VATER.

Wie auch ein *Traum* Neuentscheidung und Gericht zur Spra-che bringen und Schubkraft geben kann, erlebte ich in der Therapie einer Frau, die um ihren Weg ringt und spürt, daß sie sich noch an Altem festhält, das ihr bisher Sicherheit zu geben schien. Die Frau träumt:

> *Eine Frau hat ein Kind geboren. Es war eine sehr schwere Ge-burt. Die Frau lebt noch, aber sie ist sehr verletzt und ent-stellt. Sie hat ein Bein verloren, amputiert.*

Nach der Botschaft dieses Traums befragt, fällt der Klientin un-mittelbar folgender Abschnitt aus dem Matthäusevangelium ein:

> „Wenn nun deine Hand oder dein Fuß dich ärgert, so hau ihn ab und wirf ihn von dir. Es ist besser, verstümmelt oder lahm in das Leben einzugehen, als mit beiden Händen und Füßen ins ewige Feuer geworfen zu werden." (Mt 18, 8)

Liest man den Text weiter, dann taucht das *Kind*, das Symbol neuen Lebens auf:

> „Seht, daß ihr keines dieser Kleinen verachtet. Denn ich sage euch, ihre Engel im Himmel schauen allezeit das Angesicht meines Vaters im Himmel." (Mt 18,10)

Noch nie hatte ich diesen Text so gelesen wie ihn mir der Traum dieser Frau entschlüsselte: Das Gericht, welches entscheidet, ob Himmel oder Hölle mir bevorstehen, findet statt, wenn ich das Kind, das aus der Entscheidung für das LEBEN geboren wird, nicht verachte, sondern es als Geschenk des VATERS betrachte, mit dem es in lebendigem „Blickkontakt" ist. In seinen Augen spiegelt sich das Angesicht des VATERS wider.

Der Preis freilich, der für diese Entscheidung zu zahlen ist, ist hoch: Das, was bisher den scheinbar sicheren Gang durchs Leben gewährleistete, muß wegamputiert werden. Sie muß „das Gesicht verlieren", an das alle sich schon gewöhnt hatten: das angepaßte, liebe Mädchen.

So entsprach es auch der Lebenssituation dieser Frau. Sie fühlte, daß die bisherige „religiöse Basis" nicht hielt, daß sie, um einem Ideal zu dienen, sich selbst aufgab und vor allem ihre Lebendigkeit unterdrückte.

Der VATER als Richter, diesen Aspekt des Vatersymbols zu erfahren, konfrontiert uns mit dem unbedingten Anspruch des LEBENS, unverwechselbar *wir selbst* sein zu sollen.

Es ist bei aller Radikalität, die ihr innewohnt, und die keine Ausreden duldet, eine befreiende Erfahrung.

6. Dazugehören

Die Bedeutung, die das Dazugehören für einen Menschen hat, kann kaum überschätzt werden. Dazu-gehören-Wollen ist ganz offensichtlich ein so fundamentales Bedürfnis im Menschen, daß wir bis zur Selbstaufgabe bereit sind, uns anzupassen, um nicht ausgeschlossen zu werden.

Bert Hellinger zeigt in seinen Familienaufstellungen immer wieder, wie etwas in Ordnung kommt, indem bisher Ausgeschlossenes hineingenommen wird. Und jeder Kinder- und Jugend-lichentherapeut wird eindrucksvolle Beispiele dafür nennen können, was Kinder alles auszuhalten gewillt sind, nur um die Familie nicht verlassen zu müssen, die Außenstehenden längst wie die Hölle erscheint.

Dieses Dazugehören wird in radikaler Weise durch den **Tod** beendet. Er reißt heraus aus den Bindungen, die bisher dieses

Dazugehören ausgemacht haben und stößt in die Vereinzelung: Jeder stirbt allein.

Zu den zentralen Hoffnungsbildern der Religionen gehört deshalb das der Gemeinschaft aller Menschen bei Gott, vorgestellt vor allem als Fest, von dem niemand ausgeschlossen ist, der sich nicht selbst ausschließt.

Im christlichen Bereich kommt der Gedanke der „Gemeinschaft der Heiligen" zum Tragen als der endgültig bei Gott versammelten Menschheitsfamilie. Bezugspunkt ist nach dem Johannesevangelium auch hier der VATER:

> „Euer Herz erschrecke nicht. Glaubt an Gott und glaubt an mich.
>
> Im Hause meines Vaters sind viele Wohnungen …
>
> Und wenn ich gegangen bin und euch einen Platz bereitet habe, komme ich wieder und werde euch zu mir nehmen, damit, wo ich bin, auch ihr seid." (Joh 14,1–3)

Das Symbol VATER für Gott würde nicht tragen, wenn es nicht als todüberwindendes Hoffnungszeichen die tiefe Angst des Menschen überwände, die Angst vor dem Abbruch aller Beziehungen im Tod.

Gott als VATER anzuerkennen heißt also letztlich, zu einer Familie zu gehören, die sich nicht biologischer Zeugung , sondern dem nie endenden Schöpfungsakt Gottes selbst verdankt. Das menschliche Dasein wurzelt von daher nicht in einem mehr oder weniger zufälligen Dazugehören, sondern im Lebenswillen Gottes selbst, der als VATER alles aus sich hervorbringt.

Gott als VATER gibt aber ebenso den menschlichen Bindungen untereinander eine unvergleichliche Bedeutung, weil er die Gleichheit und Gleichberechtigung aller Menschen als Schwestern und Brüder in einer Weise begründet, die anders nicht erreicht werden kann.

Im Mittelalter kannte man die Sterbeübung: Man nahm gedanklich und gefühlsmäßig die Todesstunde und den Augenblick des Sterbens vorweg und gab sich bewußt in Gottes Hände.

Diese Übung war Ausdruck des Wissens, daß wir „mitten im Leben vom Tod umfangen" sind. Heute neigen wir dazu, dem Tod auszuweichen und ihn nicht wahrhaben zu wollen. Und doch spüren wir, daß wir lernen müssen, der Tatsache des Sterbens ins Auge zu blicken, um von der verdrängten Angst vor dem Tod nicht am Leben gehindert zu werden.

Zugang zu Gott als VATER zu haben, erlaubt uns deshalb, die Sterbewort Jesu nachzusprechen, die Lukas überliefert:

„Vater, in deine Hände empfehle ich meinen Geist!" (Lk 23,46)

Dies kann in jeder Meditation geschehen, die uns bereits im Rhythmus des Atems das Grundgesetz des Lebens erleben läßt. Das vertrauensvolle Ausatmen vollendet das Seindürfen durch das Hineinnehmen des Todes, der uns aber vom VATER nicht trennt, sondern mit ihm verbindet. Zugleich verbindet uns diese Übung mit allen Menschen und hebt die Einsamkeit auf.

Eine solche meditative Übung kann durch eine Geschichte vorbereitet werden, die wir auf uns wirken und sich in uns ausbreiten lassen dürfen. Wir sprechen sie vorher langsam auf Kassette und hören sie im Liegen oder eutonischen Sitzen an, während unser Atem ruhig fließen darf.

Eine solche für mich passende Geschichte kann mir geschenkt werden, wenn ich aufmerksam dafür bin.

Drinnen im Haus sitzen sie und reden. Aber du hältst es nicht mehr aus, stehst auf, und gehst nach draußen.

Warum fühlst du dich plötzlich so fremd in den doch so vertrauten Räumen mit den bekannten Gesichtern? Warum ist dir, als gehörtest du nicht dazu, obwohl doch alles so selbstverständlich ist?

Stürmischer Wind peitscht dir den Regen ins Gesicht. Du fluchst heimlich in dich hinein: „Hat sich denn alles gegen mich verschworen?"

Einsam fühlst du dich, fröstelnd, traurig und zornig zugleich. Mühsam versuchst du dich zu schützen, schiebst den Kopf in die Jacke so gut es geht.

Worüber redeten sie? Über das Leben, die Liebe, die Eltern, die Freunde, enttäuschte oder erfüllte Erwartungen, über Ängste und Zweifel, was noch kommen mag. Auch über den Tod? Du weißt es nicht. Es ist auch alles so egal. Du kämpfst dich vorwärts und brauchst dafür deine ganze Kraft. Wo gehörst du hin?

Eine heftige Windböe reißt dir aus der Hand, was du schützend vor dich hieltst, zieht deinen Blick nach oben, wo ein gleißender Lichtstrahl sich durchs Wolkengetümmel bricht. Du öffnest die Jacke, läßt den Regen auf dich niederprasseln, breitest die Arme aus und – lachst, lachst wie ein Kind in übermütiger Freude. Dieses Rauschen des Regens ist Musik, die dahinstürmenden Wolken sind dein Fahrzeug, du bist mitten drin. Du gehörst dazu.

Eigenartig: Nun stehst du vor einem Haus, das du nie sahst, und das dir so bekannt ist. Du hörst Stimmen, die du nie hörtest, und die dir doch vertraut sind. Du trittst ein, und du weißt augenblicklich, daß es dein Vaterhaus ist.

Für manche Leserinnen und Leser mag aber auch ein stärker auf Jesus bezogener Text ansprechender sein, so daß sie gleich zu den Abschiedsreden im Johannesevangelium greifen wollen:

Euer Herz erschrecke nicht. Glaubet an Gott und glaubt an mich. Im Hause meines Vaters sind viele Wohnungen. Wäre es nicht so, hätte ich es euch gesagt. Ich gehe hin, um euch einen Platz zu bereiten. Und wenn ich gegangen bin und euch einen Platz bereitet habe, komme ich wieder und werde euch zu mir nehmen, damit, wo ich bin, auch ihr seid. Und wohin ich gehe – den Weg (dahin) wißt ihr."

Thomas sagt zu ihm: „Herr, wir wissen nicht, wohin du gehst. Wie können wir den Weg wissen?" Jesus sagt zu ihm: „Ich bin der Weg und die Wahrheit und das Leben. Niemand kommt zum Vater außer durch mich. Wenn ihr mich erkannt habt, werdet ihr auch meinen Vater kennen. Jetzt kennt ihr ihn und habt ihn gesehen."

Philippus sagt zu ihm: „Herr, zeige uns den Vater, und es genügt uns."

Jesus sagt zu ihm: „Schon so lange Zeit bin ich bei euch, und du hast mich nicht erkannt, Philippus? Wer mich gesehen hat, hat den Vater gesehen."

Anthony de Mello, der so viel über eine Spiritualität nachgedacht und darüber gesprochen und geschrieben hat, die uns von der Angst befreit und zum Leben führt, sieht das Sterbenlernen als wichtigsten Weg zum LEBEN:

Ich habe schon bei mancher Gelegenheit gesagt, daß der Weg zu wirklichem Leben Sterben ist. Eine Hinführung zum Leben ist, sich vorzustellen, man läge im eigenen Grab: Sie sehen sich darin liegen, in der Haltung, die Ihnen am besten erscheint. In Indien setzt man die Toten mit gekreuzten Beinen hin. Oft trägt man sie so zur Verbrennung, oft werden sie aber auch hingelegt. Stellen Sie sich also vor, Sie liegen ausgestreckt im Sarg und sind tot. Aus dieser Perspektive betrachten sie nun Ihre Probleme. Alles sieht auf einmal ganz anders aus, oder?

Das ist eine schöne Meditation, die Sie jeden Tag, wenn Sie die Zeit haben, machen sollten. Es ist unglaublich, aber Sie werden lebendig werden.[120]

Der VATER, der lebendig macht und unsere von der Angst verursachte Todesstarre überwindet: Daraufhin zielt die Wiedergewinnung dieses Gottessymbols, das unseren Herzen eingeprägt ist wie ein unauslöschliches Siegel; vergraben und verunstaltet durch die schmerzliche oder fehlende Vatererfahrung des Kindes in uns, aber wert, neu entdeckt und gelebt zu werden.

Anmerkungen und Literaturhinweise

[1] Vgl. dazu neuerdings: Eugen Biser, Glaubensbekenntnis und Vater-unser, Düsseldorf 1993

[2] Aus der Fülle der in den letzten Jahren dazu erschienenen Literatur seien genannt: Linda Leonard, Töchter und Väter, Frankfurt 1990
Samuel Osherson, Männer entdecken ihre Väter, Freiburg 1993
Guy Corneau, Abwesende Väter – verlorene Söhne, Solothurn 1993
Cheryl Benard/Edit Schlaffer, Sagt uns, wo die Väter sind, Reinbek 1993

[3] Vgl. dazu: Bernhard Grom, Religionspsychologie, München/Göttingen 1992

[4] Dazu: Sturmius Wittschier, Männer spielen Mann. Dramen mit Gott und Vater, Salzburg 1994

[5] Darauf hat Eugen Biser immer wieder nachdrücklich hingewiesen. Vgl. dazu auch: Glaubensbekenntnis und Vaterunser, op. zit.

[6] Samuel Osherson, Männer entdecken ihre Väter, 16

[7] Stellvertretend für viele ähnliche Veröffentlichungen seien dazu ergänzend zu Fußnote 2 genannt: Julia Onken, Vatermänner, München 1993; Gregor M. Vogt/Stephan I. Sirridge, Söhne ohne Väter, Frankfurt 1993

[8] Zitiert nach: Heinrich Fries, Abschied von Gott?, Freiburg 1968, 17

[9] Fries, a.a.O., 19

[10] Freilich schildert Franz Kafka nicht den realen Vater, sondern sein *Vaterbild*, das er sich aufgrund seines Erlebens gemacht hatte. Dieses „Schreckbild" des Vaters, der die Macht hat, den Sohn zu vernichten, hat Kafka eindrucksvoll in der kurzen Erzählung „Das Urteil" gestaltet.

[11] Franz Kafka, Brief an den Vater, Frankfurt 1975, 11

[12] A.a.O., 12–13

[13] A.a.O., 14

[14] A.a.O., 16

[15] A.a.O., 17

[16] A.a.O., 28–29

[17] A.a.O., 45

[18] A.a.O., 53

[19] Sigmund Freud, Der Mann Moses und die monotheistische Religion zit. nach der Fischer Taschenbuchausgabe(6300), 111

[20] Sigmund Freud, Die Zukunft einer Illusion, zit. nach der Fischer Taschenbuchausgabe (6054), 104

[21] Zit. nach: Wittschier, Männer spielen Mann, 37

[22] Walter Holstein, Die Männer-Vorwärts oder zurück, Stuttgart 1990, 142–143. Der Autor faßt zusammen: Das Vaterbild ist „mit Abwesenheit, Distanz, Trauer, Unklarheit und Sehnsucht verbunden."(143)

[23] Vgl. zum folgenden: Helmut Jaschke, Um das rechte Bild von Gott – von uns selbst – und seine Bedeutung für die Heilung, in: Lebendige Seelsorge 38 (1987), 53.
Udo Rauchfleisch, Psychoanalyse und theologische Ethik, Freiburg/ Schweiz, 110 ff.

[24] R.E. Helfer/C.H.Kempe, Das geschlagene Kind, Frankfurt 1978 (stw 247), 37

[25] Vgl. vor allem: Lloyd de Mause(Hg.), Hört ihr die Kinder weinen?, Frankfurt 1980
Erna M. Johansen, Betrogene Kinder. Eine Sozialgeschichte der Kindheit, Frankfurt 1978
Jürgen Schlumbohm (Hg.), Kinderstuben, München 1983
Carl-Heinz Mallet, Untertan Kind, München 1987
Alice Miller, Am Anfang war Erziehung, Frankfurt 1980 (mit ausführlichen Zitaten aus Erziehungsschriften der letzten zwei Jahrhunderte in Anlehnung an Katharina Rutschky, Schwarze Pädagogik, Berlin 1977)

[26] Schlumbohm, Kinderstuben, 244

[27] A.a.O., 117

[28] A.a.O., 218

[29] Ingmar Bergmann, Mein Leben, Reinbek 1992, 15–16.
In dem Film „Fanny und Alexander" hat Bergmann ein solches Prügelritual in Szene gesetzt: Die verwitwete Mutter der beiden Kinder heiratet einen Bischof(!), der vielleicht eine Ahnung von der Bibel hat, aber nicht von der kindlichen Seele, und der Alexander wegen einer „Lüge" züchtigt.

[30] Waltraud Anna Mitgutsch, Die Züchtigung, 1985, 98

[31] Franz Kafka, Brief, 10–11; 22–23; 28

[32] Die Zitate aus Kafka, Brief, 12–17

[33] Ebd., 20

[34] mariella mehr, steinzeit, Bern 1981, 55

[35] „Nicht zu Unrecht hat man dem Vater die Verantwortung für die beiden letzten großen Kriege zur Last gelegt." (Hans Georg Gadamer, in: Hubertus Tellenbach (Hg.), Das Vaterbild in Mythos und Geschichte, 9)

[36] A.a.O., 10

[37] Wilhelm Bitter (Hg.), Vorträge über das Vaterproblem in Psychotherapie, Religion und Gesellschaft, Stuttgart 1954, 13

[38] Hubertus Tellenbach (Hg.), Das Vaterbild in Mythos und Geschichte, Stuttgart 1976;
Das Vaterbild im Abendland I/II, Stuttgart 1978; Vaterbilder in den Kulturen Asiens, Afrikas und Ozeaniens, Stuttgart 1979

[39] Vgl. den Beitrag von Lothar Perlitt, Der Vater im Alten Testament, in: Tellenbach (Hg.), Das Vaterbild in Mythos und Geschichte, 50–101, wo die Vater-Sohn-Beziehung durchweg idealisiert und väterliche Gewalt als Randphänomen betrachtet wird.

[40] Vgl. Dtn 8,5: So erkenne denn in deinem Herzen, daß Jahwe, dein Gott, dich erzieht, wie jemand seinen Sohn erzieht.

[41] Perlitt, a.a.O., 81

[42] Gadamer, Das Vaterbild im griechischen Denken, in: Tellenbach, Vaterbild im Abendland I, 111

[43] Tellenbach, Vaterbild im Abendland I, 21

[44] Vgl. dazu die lesenswerte Untersuchung von Annemarie Ohler, Väter. Wie die Bibel sie sieht, Freiburg 1996, die aber leider auch vermissen läßt, was sie im Vorwort als notwendig ansieht, nämlich daß die Auseinandersetzung mit biblischen Texten die „Auseinandersetzung mit der Nachgeschichte der Bibel" einschließen muß. (S. 18)

[45] Zum folgenden vgl. Helmut Jaschke, Böse Kinder – böse Eltern? Erziehung zwischen Ohnmacht und Gewalt, Mainz 1992, 68 ff.

[46] Selbst wenn Annmarie Ohler recht hätte – was ich nicht glaube –, daß die Weisheitstexte, die den Vater zur Züchtigung auffordern, „der ‚pädagogischen Provinz' und nicht dem Familienalltag" entstammen, bedeutet das für die *Nachwirkung* der Texte gar nichts (a.a.O., 179). Ausführliche Belege zur „Schwarzen Pädagogik" findet man bei Alice Miller, Am Anfang war Erziehung, Frankfurt 1980, 22–81 und C.-H. Mallet, Untertan Kind, München 1987

[47] Larry Christenson, Die christliche Familie, Erzhausen ²1979, 115

[48] Günther Anders, Ketzereien, München 1991, 243

[49] Hildegunde Wöller nennt den Gott von Gen 2–3, der den „mangeln-den Gehorsam eifersüchtig bestraft", „eine Personifizierung des patriarchalen Animus". (Vom Vater verwundet. Töchter der Bibel, Stuttgart ³1992, 131)

[50] Das übersieht m.E. Annemarie Ohler in ihrem sehr informativen Buch „Väter. Wie die Bibel sie sieht."(Freiburg 1996). So richtig und wichtig es ist, daß das Alte Testament Gott mit großer Zurückhal-tung „Vater" nennt und die Väter in der Bibel auch als schwach und kritikwürdig geschildert werden, so muß doch zunächst nach den *menschlichen Erfahrungen* gefragt werden, die zu bestimmten Gottesvorstellungen führen. Und da ist eben die autoritäre Struk-tur „absoluter Wille-Gehorsam" von entscheidendem Gewicht. Das schließt ja überhaupt nicht aus, daß viele Väter liebevoll für ihre Familien sorgten und nicht einfach brutale Despoten waren.

[51] Bergmann, Mein Leben, 15

[52] Kommandant in Auschwitz. Autobiographische Aufzeichnungen des Rudolf Höss. hg.von Martin Broszat, München 1963, 10. Aufl. 1985, 24–25

[53] Franz Kafka, Brief an den Vater, 22

[54] Raimund Schwager, Brauchen wir einen Sündenbock? Gewalt und Erlösung in den biblischen Schriften, München 1978, 65–66; vgl. Helmut Jaschke, Dunkle Gottesbilder, Freiburg 1992, 41 ff.

[55] Eine Zusammenstellung von Texten aus den fünf Büchern Mose und den Psalmen findet man bei Franz Buggle, Denn sie wissen nicht, was sie glauben, Reinbek 1992, 69 ff.
Bis heute kenne ich keine Veröffentlichung, die Buggles Frage zu be-antworten sucht, wie ein solches Gottesbild Humanität begründen soll.

[56] Jerusalemer Bibel, Freiburg 1968, 256

[57] Vgl. Sturmius Wittschier, Männer spielen Mann. Dramen mit Gott und Vater, Salzburg 1994

[58] Gottlob Schrenk, Art. pathr etc. in: Theologisches Wörterbuch zum πατηρ Neuen Testament V, 950–953

[59] Ebd., 975

[60] Katechismus der katholischen Religion für das Erzbistum Freiburg, Freiburg 1948, 59; vgl. fast gleichlautend: Anton Schraner, Katholi-scher Katechismus, Stein a.Rhein, ²1977

[61] Katechismus, 61–62

[62] Katholischer Katechismus (sog. „Grüner Katechismus), o. J., 219

[63] Zit. nach Mallet, Untertan Kind, 40

[64] A.a.O., 54–55

[65] Häring, Art. „Eltern", a.a. O., 833

[66] vgl. Mallet, Untertan Kind, 35 ff.

[67] Vgl. dazu. Hubertus Halbfas, Lebensgeschichte und Religiosität – Prolegomena zu einer Mythobiograohie, in: Friedemann Maurer(Hg.), Lebensgeschichte und Identität. Beiträge zu einer biographischen Anthropologie, besonders den Abschnitt: „Kryptogene Dispositionen des Christentums, 175–178

[68] Erna und Hans Melchers, Das Grosse Buch der Heiligen, Bonn 1978, 175

[69] Joachim Bodamer, Der Mann von heute, Freiburg 4. Aufl.1982, (Herder Tb 918), 137

[70] Bodamer, a.a.O., 140

[71] Wittschier, Männer spielen Mann, 28

[72] Bodamer, a.a.O., 140

[73] Wittschier, a.a.O., 16

[74] Wittschier, 28

[75] Vgl. dazu ausführlicher Wittschier, a.a.O., 25 ff.; besonders 28

[76] Robert Lay, Nachkirchliches Christentum, Düsseldorf 1995, 75–76

[77] Wittschier, a.a.O., 90

[78] Zum folgenden vgl. Mircea Eliade, Die Religionen und das Heilige; ders., Die Geschichte der religiösen Ideen, Bde. 1–4, Freiburg ²1978

[79] Mircea Eliade, Religionen, 64

[80] Mircea Eliade, a.a.O., 89

[81] Homer, Ilias, VIII. Gesang, übertragung von J.H:Voß, zitiert nach der Ausgabe in dtv 6101, 127

[82] Vgl. Sabine Reinartz, Das Märchen als Therapeutikum bei Erwachsenen, unveröffentlichte Diplomarbeit, Eichstätt 1994

[83] Zürich ³1949

[84] Verena Kast, Die verwünschte Prinzessin. Zum Problem des Sado-Masochismus, in: Jacobi/Kast/Riedel, Das Böse im Märchen, Fellbach 1978 (5. Aufl.1987) 67 ff.

[85] Blickt man auf bekannte Märchen wie „Hänsel und Gretel" oder „Aschenputtel", dann wird dort der Vater eher als Schwächling gegenüber einer überstarken Mutter gezeigt. Ist das die „Rückseite" des dämonischen Vaters? Als Helfer und Retter erscheint in den Märchen nicht der Vater, sondern andere Männergestalten wie der alte Mann im Märchen von den „Sterntalern" oder der Jäger im „Rotkäppchen".

[86] C.G.Jung, a.a.O., 37–38

[87] A.a.O., 38

[88] Hildegunde Wöller, Vom Vater verwundet, 74

[89] Vgl. dazu: Jolande Jacobi, Vom Bilderreich der Seele. Wege und Umwege zu sich selbst, Olten²1985, bes. 202 ff. ; auch Kinder malen Gott so oder stellen ihn sich so vor. Beispiele u.a. bei Robert Coles, Wird Gott naß, wenn es regnet? Die religiöse Bilderwelt der Kinder, München 1994

[90] Zu dieser Deutung vgl. Eugen Drewermann, Gott heilt – Erfahrungen des Buches Tobit, in: H. Becker/R. Kaczynski (Hg.), Liturgie und Dichtung, St.Ottilien 1983, 389

[91] Die Germanen rollten im Frühling (Ostern) Feuerräder über die Wiesen die Abhänge hinunter, um der Sonne neue Kraft zu geben (Verena Kast, a.a. O., 83)

[92] Jung, a.a.O., 36

[93] A.a.O., 38

[94] Vgl. Ohler, Väter, 220 ff.

[95] Gottfried Quell, Art. πατηρ im ThWNT V, 971

[96] Ernst Michel, Das Vaterproblem heute in soziologischer Sicht, in: W. Bitter (Hg.), Vorträge über das Vaterproblem, Stuttgart 1954, 58–59

[97] Michel, a.a.O., 52 (Hervorhebungen im Text)

[98] Gerhard Lohfink, Wie hat Jesus Gemeinde gewollt?, Freiburg 1982, 57

[99] Gerhard Lohfink, a.a.O., 62

[100] Lohfink, a.a.O., 58

[101] Vgl. dazu: Helmut Jaschke, Und sie gingen traurig weg, Mainz 1995, 27 ff.

[102] Carl Gustav Jung, Symbole der Wandlung, zit. nach Grundwerk Bd. 8, Olten 1985, 71

[103] Jung, a.a.O., 78 (Hervorhebung im Text)

[104] Jung, a.a.O., 271–272

[105] Vgl. z.B. Anne G. Olters, Ungestillte Sehnsucht. Töchter erzählen von ihrer schwierigen Beziehung mit dem Vater, Freiburg 1996 (Herder Spektrum 4406)

[106] So der Titel eines der Bücher von Bert Hellinger, das seine Arbeit am ausführlichsten schildert (Heidelberg 1994)

[107] Michel, a.a.O, 44–74

[108] E. Rosenstock-Huessy, Der Atem des Geistes, Frankfurt 1951

[109] Rosenstock-Huessy, a.a.O., 124–125

[110] Tatjana Goritschewa, Die Starzen als Herausforderung an den Westen, (Manuskript) 13–15

[111] Rosenstock-Huessy, a.a.O., 116 und 122

[112] Vgl. dazu: Eugen Biser, Der inwendige Lehrer, München 1994

[113] Vgl. dazu das seit 1978 immer wieder aufgelegte Buch von Sheldon B.Kopp, Triffst du Buddha unterwegs … Psychotherapie und Selbsterfahrung, Frankfurt, Fischer Tb3374. In neuerer Zeit sind besonders der persiche Psychotherapeut Nossrat Peseschkian (vor allem auch mit orientalischen Weisheitsgeschichten), der indische Jesuit Anthony de Mello und Bert Hellinger mit ihren Geschichtensammlungen an die Öffentlichkeit getreten.

[114] Vgl. dazu: Romano Guardini, Der Heilbringer, 1946

[115] „Literarisches Mittel" bedeutet, daß die Gerichtsdrohung im Sprachschatz der Prophetenrede bereitlag wie etwa ein gängiges Sprichwort.

[116] Vgl. dazu vor allem Gunthard Weber(Hg.), Zweierlei Glück, und Bert Hellinger, Ordnungen der Liebe

[117] Weber, Zweierlei Glück, 72

[118] Hellinger, Ordnungen der Liebe, 195

[119] Hellinger, a.a.O., 249

[120] Anthony de Mello, Zeiten des Glücks, Freiburg ²1995, 117